それでも習近平政権が崩壊しない4つの理由

富坂聰
Tomisaka Satoshi

ビジネス社

はじめに　～エリザベス女王の国葬から見える習近平政権10年の本質～

２０２２年９月８日、第２次世界大戦後の世界の変動を見守り続けてきた女王エリザベス２世が世を去った。

曲がり角を迎えたことを象徴する節目の国葬に、中国がいったい誰を派遣するのか、世界の注目が集まった。習近平（シージンピン）国家主席が選んだのは、王岐山（ワンチーシャン）国家副主席であった。発表は、葬儀が行われるわずか２日前のことだった。

中国外交の特徴のひとつは、中国共産党中央政治局常務委員（常委＝七皇（チーファン））が、それぞれ習近平や李克強（リークーチャン）総理と同じような役割を演じられることだ。中国に世界の多くの指導者が一斉に訪れるとき、または世界に向かって一斉に飛び出して外交を展開しなければならないとき、彼らはそれぞれ大きな権限を持って相手国のトップと対峙（たいじ）できる。

だが、エリザベス女王の国葬では、10月に中国共産党第20回全国代表大会を控え、七皇が国内を離れるスケジュールを組むことは憚（はばか）られた。習近平は空席となった大役を、５年前、半ば強引にそのポジションに就かせた国家副主席に委ねたのだ。

王岐山が国葬に出席する報道をテレビの画面でながめながら、10年におよぶ習近平政治のさまざまな場面がフラッシュバックするのを抑えられなかった。

★★★

中国には、党のポジションをもたない国家幹部を〝お飾り〟と見下す〝風習〟がある。しかし、それは王岐山にあてはまるだろうか。明らかに違う。

王岐山は文化大革命の嵐のなか下放（1968年に始まった、都市部の若者を地方に送り出す政策のこと。上山下郷運動ともいう）された習近平が、兄貴分として慕った人物だ。ふたりが過ごしたのは現在の陝西省延安市。当時は延川県（習近平）と延安県（王岐山）と呼ばれた黄土の寒村だ。

習近平の公式の略歴は、1969年に〝知識青年〟として延川県の梁家河大隊へ参加したことからスタートする。俗にいう「洞穴で暮らした経験」の時代だ。習近平の生年は1953年であるから、当時わずかに16歳だ。この一事を見ても、習を「大幹部の2世」とか「太子党」という特徴だけで語ろうとする誤謬に気づくべきだろう。

習の思春期の略歴の行間からにじむのは、むしろ「2世」であるがゆえの苦悩と悲劇であり、青年期の入り口で首の皮一枚で生き残り、社会に絶望しきった姿である。

習は、寒村時代に意気投合し、その後も支え続けてくれた兄貴分である5歳年上の王岐山を、中国の頂点に立つや否や抜擢し、全幅の信頼を寄せた。そして、習は自らの政治の一丁目一番地である「反腐敗キャンペーン」においても、その成否を王に託した。ふたりは、党史に残るこの激しい闘いを勝ち抜き、政権の基盤を盤石なものとしたのである。

★★★

その王岐山の国葬出席は、習近平の信頼がいまも続いていることを内外に示した。

決して派手な振る舞いをしない王が、中国を代表して女王エリザベス2世の国葬に出る様子をテレビで見ながらあらためて思い至ったことがある。それは、習近平の人材登用には深い人間関係のなかで醸成された「信頼」が、かなり大きく作用するということだ。習は、自身の任用と抜擢について、少なくとも第1期（2012〜17年）の指導体制において、大きな手応えを得ていたのではないだろうか。

無論、習の人事には「身びいき」という批判がつきまとう。新たに選ばれた七皇を「イエスマン」で固めた人事とする批判にも一理あろう。

だが、学歴や経歴、はたまたバランスを考慮して人を選ぶことは、自らが仕事ぶりを熟知し評価した人材を起用することに比べて、それほど秀でた選択なのだろうか。少なくとも、習近平政権の初期を支えた王岐山や栗戦書（リージャンシュウ）（２０１７～22年まで常務委員、序列第３位。１９５０～）といった兄貴分たちへの信任からは、期待以上の結果が得られたのではないだろうか。

女王エリザベス２世の国葬を報じた内外のメディアの多くは、女王と習近平の接点にスポットライトを当てた。なかでも多く扱われたのは、２０１５年の習近平訪英だった。そうなれば、嫌でもクローズアップされるのが、当時の中英の蜜月ぶりであり、それと比較した現在の険悪な関係である。

ボリス・ジョンソン政権（２０１９年７月～22年９月）の後期から悪化に拍車がかかった中英関係は、ジョンソン辞任後の保守党党首選できわまった。党首候補の討論会では、リズ・トラスとリシ・スナクのふたりが、「いかに自分が対中強硬派か」を競う場面まで見られた。あきれた中国メディアが「これはイギリスの選挙だ。われわれのことは放っておいてくれ」と記事で嘆いたほどだった。

かつてイギリスは、習近平が提唱した「一帯一路」を熱心に支持していた。中国が立ち上げ、日本が見向きもしなかったＡＩＩＢ（アジアインフラ投資銀行）にも、西側先進国のなかで真っ先に参加を決め、滑り出しに花を添えた。

対中攻勢が強まったドナルド・トランプ大統領政権（２０１7年1月～22年1月）の初期にも、どれほどトランプが強硬に「イギリスの通信インフラから、ファーウェイを排除する」ことを求めても、なかなか首を縦に振らず、イギリスの新たな原発事業に中国企業が参入する問題でも、その協力関係を解消しようとはしなかった。

そんな当時のイギリスを思えば、まさに隔世の感だ。これも国際政治に吹く気まぐれな〝風〟だと考えるべきなのか。それとも、習近平が繰り返してきた「『世界史を襲う１００年に一度』の大変動」のためなのか。

時代の空気は容赦なく中国とイギリスを呑み込み、関係を冷え込ませた。

こうしたイギリスの選択は、はたしてどんな利益を同国にもたらしたのだろうか。その収支は国民に受け入れられているのだろうか。それ以前の問題として、「反中」感情が煽(あお)られ、人々が熱狂するなかで、国民が冷静に損得を判断する機会などあったのだろうか。

目先の利益に誘導され、長い時間をかけて深めてきた二国間の歴史を逆回転させれば、双方には生皮をはがすようなダメージがおよぶ。だがその痛みは、目に見えにくい。日々享受してきたメリットは、得てして失われてから気づくものだ。痛みを感じるころには、もはや手遅れになっていることも多い。

イギリス国民が本当の収支を知るのは、まだ先の話かもしれない。

日本にとっては他山(たざん)の石だ。

★★★

女王エリザベス2世の葬儀の裏で、数千キロ離れた中国では皮肉な異変も起きていた。南部・広東省の工場地帯で、葬儀のために大量発注されたユニオンジャックの生産が追いつかず、増産のため慌てて人集めに奔走しなければならなかったのだ。

思い出されるのは、2020年のアメリカ大統領選挙だ。大統領選挙に勝つために、中国を敵視し罵倒するトランプ候補のために、星条旗とキャップをせっせと生産し、アメリカに送っていたのも中国人だった。

どんなに価値観の違いを感じても、中国に代わる工場はない。また逆に、どんなに憎まれようが発注者を選ばないのも中国だ。それは、遠く離れたフランスも同じである。20

24年、パリで開催が予定されている夏季オリンピック・パラリンピックの公式グッズの生産は、中国を抜きには考えられないのだ。

大戦集結から80年が近づき、世界を支配し続けてきた先進国は経済発展のメリットを享受しづらくなっている。そんなとき、グローバル経済の恩恵を一身に受けて台頭する得体の知れない大国に、フラストレーションを感じるのは自然なことだ。だが、その行動には犠牲がともなうことを、多くの国が気づくのは時間の問題だ。

その事実は、コロナ後に活発化する外交に強い影響を及ぼすことになるのだろう。そのとき、日本はどうすべきなのか。日本人は、どこまで真剣、かつ冷静に自国にとっての〝真の国益〟を考えているのだろうか。

日本があえて見ようとしない本当の中国と習近平を、これから紹介していこう。

第1章　習近平3期目の正しい読み解き方

理由❶　〜権力基盤の「強靭化」〜

第3章 習近平の権力と中国共産党の抜き差しならぬ関係

理由❸ ～党・軍・大衆の「呉越同舟」～

第4章 中国が着々と構築する新たな世界的枠組みの実態

理由❹ 〜ポスト戦後の「合従連衡戦略」〜

第1章

習近平3期目の正しい読み解き方

理由1

～権力基盤の「強靭化」～

2022年10月の党大会で、世界の注目を集めた「胡錦濤退場劇」。人事への不満表明といわれたが、その可能性は限りなく低い。それどころか党大会は、習近平政権の揺るぎなさの象徴となったのだ――

習近平の「イエスマン」とは、どんな人たちなのか？

中国共産党第20回全国代表大会（20大）が閉幕した翌日の２０２２年10月23日、予定どおり中国共産党第20期中央委員会第1回全体会議（1中全会）が開かれた。そして、世界が注目した最高指導部の新メンバー、いわゆる「七皇」が選出された。

北京の人民大会堂の金色ホールに集まった約６００人の国内外の記者たちは、赤絨毯を踏みしめて入場してきた顔ぶれに、少なからず戸惑ったに違いない。翌日の新聞では、人事が予想外であったことも手伝い、習近平の独裁傾向を強める顔ぶれであることが、批判的に報じられた。

「イエスマンで固めた人事だ」と。

七皇はいずれも中国に生まれ、気の遠くなるような倍率を勝ち抜いた猛者（もさ）たちだ。この人事で党の序列第2位に躍り出た李強（リーチャン）（１９５９〜）は、泥臭い経歴の持ち主だ。70年代、ほとんどの作業が人力であった農村で、電気機械による灌漑事業に携わる労働者として社会人としてのスタートを切った。働き始めたのは17歳だ。

同じように新たに抜擢された蔡奇（ツァイチー）（1955〜）も、やはり文革期に貧しい農村に下放され、農村からキャリアをスタートさせた政治家だ。同世代の多くが経験を共有しているとはいえ、18歳で人生のどん底をのぞいたに違いない。

彼らが、なぜ14億人の頂点に昇り詰めることができたのか。そのキャリアの裏を丹念に追えば、日本人の想像を絶するエピソードが少なからず隠れているはずだ。それを「イエスマン」の一言で切り捨てるメディアの報道は、中国政治分析のアプローチとして本当に正しい手法と言えるだろうか。

今度の人事で習近平には、より強い力が集まった。権力集中が西側先進国の共有する価値観――実際に各国でしっかりと共有されているか否かは議論の余地を残すが――にそぐわないことも理解できる。

だが、少なくとも2022年の中国共産党（以下、共産党または党）が誤った選択をしたとか、権力の暴走だと指摘するのは時期尚早だ。

それ以前に、西側社会を基準に中国を評価することが、はたして正しいのかという疑問がある。同じゲームを戦っているのではない、という発想だ。

改革開放政策を選んだ後の共産党にとって、自ら公言しているように国を発展させることこそが政治の最優先課題である。やや大げさに言えば、西側先進国が大切にする「人権」や「言論の自由」といった価値観では自らが劣っていることを認めながらも、圧倒的な発展の享受を国民に与えることに使命を燃やしている。

20大への評価に表れた西側と中国のズレ

中国には中国の民主がある――。

ここ何年ものあいだ、中国がアメリカを筆頭に西側先進国に向けて繰り返し発してきた言葉だ。

言外に含まれているのは、「人権や言論の自由を優先しろという圧力のままに政治改革を行い、もし中国が混乱しても西側が責任を負うことはない。だから口を出すな」というメッセージだ。

そんな中国の考えや変化を、日本は正面からバイアスなしに分析できてきたのだろうか。

西側先進国の一員という強い自負を抱きつつ、中国が躓(つまず)いたり転んだりする一場面を批判という体裁で切り取り、面白がってきただけではないだろうか。

明治維新を経て、いち早く憲法と議会を持ち西洋化に成功した国として、戦後は民主主義の先進国として、また経済大国の先輩として、常に中国は自分のたどった一歩後ろを歩いてくると考えてきた。

この思考法の弊害の典型例のひとつとして挙げられるのが、長期展望の決定的なズレである。日本の書店に並んだ中国関連の書籍の内容が正しければ、中国経済はもう何百回も崩壊しているはずなのだが、現実は誰もが知っているとおり、むしろ真逆で、大きな発展を遂げ続けてきた。

なぜ、こんな愚にもつかない予言に群がる人が多いのか。

答えは簡単である。

「西側先進国の価値観に満たない彼らのやることは失敗しなければならない」と日本国民の多くが、どこかで思い込んでしまっているからである。だからこそ「中国経済崩壊」の予告が何回はずれても、また新しい小さな綻（ほころ）びが中国大陸から伝わるたびに、「今度ばかりは本物だ」と、それに引きずられることになる。

初動で失敗し、収拾不可能となったはずの新型コロナウイルス感染症の拡大に対し、中国の対策は、死者数ひとつを見ても、はたして失敗に終わったといえるのだろうか。他国が体験した新たな感染症の拡大初期――たとえば新型インフルエンザ――と比較して、劣っていたとの結論が導かれたのだろうか。

また、不動産バブルはどうだろうか。中国の不動産バブルが崩壊して、世界経済をどん底に叩き落とすと報じられて久しいが、その後の世界経済は中国の影響で大きく落ち込んだのだろうか。

あるいは、「一帯一路」についてはどうだろうか。相手国を債務漬けにしてインフラを取り上げる〝債務の罠〟が批判の的となり、その持続可能性に何度も疑問符が投げかけられてきた。だが、協力国が次々と抜けていくような現象に至ったという話は、およそ聞こえてこない。

それどころか、2022年11月14日から19日にかけて、インドネシア・バリ島で開催された第17回主要20カ国・地域首脳会議（G20サミット）に続くタイ・バンコクの第29回アジア太平洋経済協力（APEC）非公式首脳会議では、中国の存在感と信頼度は際立っていた。

たとえば、ホスト国であるタイと中国が発表した共同声明では、「運命共同体」「一帯一路」の推進が文言として盛り込まれた。

また、インドネシア政府は「一帯一路」の象徴であるジャカルタ - バンドン高速鉄道を、G20に合わせて披露し、習近平を乗せて走る計画まで立てていた。

日本が批判する「債務の罠」は、現在のところスリランカのハンバントタ港が有名だが——アメリカの研究機関「CGD＝世界開発センター」はラオス、モンゴル、パキスタンなどの8カ国にあると指摘——「一帯一路」はいまや中南米をも含む170カ国に跨（また）がり、計200件を超える協力文書を数える。分母の数が膨大なプロジェクト群だ。

アフリカでは、エチオピアのアディスアベバ - ジブチ鉄道があり、その沿線では13の工業団地も建設され、モザンビークのマプト湾のマプト大橋の完成で、以前には2時間かけていた湾の横断が10分に短縮された。

他にも、南米アルゼンチンの標高4000mの発電プロジェクトでは、コーチャリ高原に300MW級太陽光発電設備を完成させた。中国とラオス間（昆明（こんめい） - ビエンチャン）の鉄道は全長1000km、167のトンネルと301の橋を渡る巨大プロジェクトで、これを完成させ、ラオスを「陸の孤島」という不名誉な地位から救った。またヨーロッパでは、クロアチアのペリェシャツ大橋という難度の高い工事を完成させている。

ちなみに、日本代表の活躍が光ったFIFAワールドカップカタール2022で、メイン会場となったルサイル・スタジアムも「一帯一路」に絡む中国のプロジェクトだ。

話を戻すと、先述した「正面から中国の考えや変化を評価できない」日本や他の先進国のピントのズレが如実に表れたのが、20大への評価ではなかっただろうか。

習近平がひとりで1時間45分にわたってしゃべり続けた政治報告（「報告」）に始まり、党規約改正に終わった今大会の流れをどう分析し、位置づけ、評価するのか。それは中国報道のひとつの醍醐味であった。

5年に一度の政治ショーの興奮が冷めたいま、あらためて報道を振り返ってみると、盛り上がったのは、前半の台湾統一への言及と後半の胡錦濤（フージンタオ）元総書記を議場から強制的に連れ出した、ふたつの問題に収斂（しゅうれん）してしまっているのだ。

一連の報道をまとめれば、20大は次のようになるだろう。

すなわち、「台湾への武力侵攻を放棄しない」と「報告」で明言したように、習近平は台湾統一を3期目の野心として隠そうともしなくなった。さらに、共産主義青年団（共青団）を党中央から徹底的に排除したことに抗議しようとした胡錦濤元総書記を追い出すという失態を、外国人記者たちの前で演じた。そうした不協和音のなかで生まれた新最高指導部は習近平のイエスマンばかりで、一度暴走が始まれば誰も止められない「危うい体制」が出来上がった――。

もし、本当にそうであれば中国の未来は悲観されなければならない。経済で大きく隣国に依存する日本も、災厄からは逃れられないだけに問題は深刻だ。

そうだろうか。以下、ひとつひとつ検証してみたい。

いまだ続く「共青団」と「太子党」という対立構図の誤り

まずは習近平の独裁が強化されたという見立てだ。

映像の力もありワイドショーが強く反応したことで、多くの日本人が目にすることになった「胡錦濤元総書記の議場からの強制退席騒動」のケースともかぶる話題だ。ふたつを合わせて見ていくことにしよう。

胡錦濤が、なぜ議場から慌てて連れ出されたのかを考えてみたい。問題の解釈をめぐっては、「体調の問題」とする見方と「政治的な意味」を求める見方のふたつがあり、メディアの扱い方も割れていた。体調については新華社がそれを英語で発信したことから、当初から疑いの目が向けられた。当局の発表をまともに信じないことこそ〝対中リテラシー〟

とするやや単純な警戒心は、いまや日本でも常識レベルの広がりを持つ。

事実、多くの映像メディアは胡元総書記のハプニングを「権力層に何かしらの不協和音が生じている」シグナルとして扱った。映像に価値があるので、それを使うためのエクスキューズにも聞こえたが、もっともらしい理由はすぐに見つかり、習近平人事への抗議だったという解説に落ち着いていった。習が側近だけで人事を固めたことに対する怒りを、カメラがたまたまとらえたという解釈だ。

日本の中国報道では長年、2世政治家の集まりである「太子党」と、若くして選抜されるエリート集団の「共青団」が対立していると説明されてきた。側近で固めた人事への不満の背景には、太子党の習による共青団への冷遇があるのだ、と。

伏線となったのは、20大の前にあふれた新指導部人事の観測記事だ。なかでも大きな流れとなったのは、習近平が失脚して李克強がトップに立つという予測だ。中国語で「習降李昇」と呼ばれた。これは典型的な日本人の「願望」が反映されていて、江沢民（ジャンズァミン）を嫌いだった日本人が朱鎔基（ジューロンチー）（当時の総理）に過度な期待を寄せたことにも通じる。

李克強の総理留任、あるいは汪洋（ワンヤン）（2017年から22年まで常委、序列4位）——なぜか共青団の一員とみなされる——の総理への抜擢といった説も同じだ。

これらはいずれも、習近平に対する嫌悪が大なり小なり中国の政界にも存在していて、何とか変えたいという願いが共有されているとの〝思い込み〟がベースにある。こんな独裁的なリーダーに、みなが満足しているはずはない。だから、いつか習を引きずり降ろし、政治を糺す、という期待だ。

だが、周知のように披露された新七皇の面々は、こうした期待に応える面子ではなかった。それはメディアの目に「異常な人事」と映り、「異常な政治」の始まりとしてとらえられた。この流れのなかで胡錦濤の行動も、「異常な新体制」への一言居士的な役割を果たしたと好意的に受け止められたのだ。

だが、胡錦濤が自らの怒りを表す手段として、あのやり方をとったのが効果的であったのか否か、疑問が残る。彼の真意は伝わっていないからだ。世界のメディアが報じているのは、いまだ憶測でしかない。

胡は過去、中国政界で頂点をきわめた人物だ。それでも党の制度で選ばれた現指導部に、外国人の前で恥をかかせたとなれば、党内の価値観と対立する。当然、賛同も得にくい。

そもそも反対意見を述べる場所は、党内に幾重にも用意されている。

党の人事が大きく動く場合、無論、長老の意見は重視される。毎年8月上旬、避暑地に新旧の有力者を集めて行われる北戴河（ほくたいが）会議は有名だ。それ以外にも随時、党の重要事案は党中央弁公庁（中弁）を通じてすべて、常委経験者の元に届けられ、問題がなければ「○」を、意見があれば記すという手続きを経る。

胡の様子に異変が生じた場面を、「彼が手元の資料を見ようとするのを隣の栗戦書が阻止した」と説明している点も腑に落ちない。党大会は基本的にセレモニーであり、あの場で胡錦濤の目を遠ざけなければならない資料などないからだ。

人事の過程においては、基本的に選抜と面談（談話）が繰り返されていく。そのため、党大会よりはるかに前の段階、9月末には完璧な名簿が出来上がり、その情報は広く共有されているのだ。むしろ驚くべきは、その情報が外部にまったく漏れてこなかったことである。それほど習体制のかん口令は機能しているのだ。

胡錦濤は本当に〝派閥〟を守る気があったのか

さらに違和感を覚えるのは、胡が共青団閥（団派）の人材を排除したことに腹を立てたという分析だ。

そもそも中国の政治を「太子党」（2世の集まり）、「江沢民派」（＝上海閥、江沢民元総書記や上海に縁の深い政治家の集まり）、「団派」というあまりに大雑把な特徴で色分けすることに限界があるのだが、それを除いたとしても理屈は通りにくい。

たとえば、胡がそれほど団派を重視してきたのであれば、なぜ同じ団派で経歴も似ていて、さらに次世代のエースと前評判の高かった李克強を習近平の下に置いたのか。

しかも習は、胡錦濤の下で2007年から5年間の助走期間をゆっくりと経て、満を持して「接班（ジエバン）」（後継）となっているのだ。

その5年間、胡は権力の絶頂期にあり、もし、どうしても李を後継者にしたかったのであれば、方法はいくらでもあったはずだ。

また、もし胡が団派を重視し江派や太子党を警戒するのなら、解せないのは女房役としての中弁主任ポストだ。令計画（リンジーファ）は、たしかに「団派」だが、中弁で出世したのは江沢民の時代である。このポストは指導者が最も信頼できる人物を置くことで知られる。つまり団派の令は、江の薫陶（くんとう）をどっぷり受けて育った人材なのだ。

団派のライバルが上海閥で、両者が激しくしのぎを削っているのだとしたら考えにくい人事ではないだろうか。

さらに、習近平による団派への冷遇についても、疑義が生じる。これこそ、いまに始まったことではなく、胡が怒るには機を完全に逸しているのだ。

習が共青団をターゲットに、組織を弱体化させたことは間違いない。だが、それは派閥間の争いではなく、むしろ価値観の問題だ。よく言えば既得権益層の破壊であり、悪く言えば「エリート嫌い」の発露である。

筆者は2016年、科学技術振興機構の運営するサイト「Science Portal China」の連載『富坂聰が斬る!』に「習近平VS共青団」という記事（5月31日）を書いている。習近平政治の代名詞であった反腐敗キャンペーンで、その最前線に立つ「中央巡視組」（巡視隊＝汚職摘発チーム）が、いよいよ共青団にも向けられたことを受けて執筆した。

エリート集団で品の良い共青団が、結果として巡視隊に汚職取り締まりのターゲットにされることはなかったが、その代わりに指摘されたのは規律の緩みであった。

共青団がエリート集団と呼ばれたのは、実際、歴代の団の第一書記経験者には将来の中央指導部での重要なポジションが約束されていたからだった。

胡錦濤は団の第一書記を経て貴州省党委員会書記（＝以下、書記）から国家主席となった。李克強は同じく河南省副書記から総理になっている。その他、李源潮（リーユエンチャオ）（1950〜）は国家副主席となり、劉延東（リウイエンドン）（１９４５〜）も国務院副総理（以下、副総理）に出世した。その後は少し勢いが弱まるものの、周強（ジョウチャン）（１９６０〜）は団第一書記から湖南省副書記へ、胡春華（フーチュンファ）（１９６３〜）は河北省副書記、陸昊（ルーハオ）（１９６７〜）は黒竜江省副書記に抜擢（ばってき）された。

つまり団の第一書記を経れば、次は地方の省の副書記クラスに登用され、中央へと昇る道も見えてくる「約束された」ポジションだったのだ。

順調に出世し続ける胡錦濤の息子

その団幹部の面々を前に、巡視隊の李五四（リウースー）隊長は団について次のように叱責してみせた。前掲拙稿「習近平ＶＳ共青団」を見てみよう。

〈「党のリーダーシップが弱く、群団工作会議の精神の浸透も不十分で、実際の仕事にも十分に活かされておらず、ある幹部はこれを誤読し曲解している」と断じ、「機関化、行政化、貴族化、娯楽化がいまだ存在している」と結論付けた〉

これに、多くの政界関係者が驚いたのは言うまでもない。再び拙稿を引用しよう。

〈李五四が述べた「機関化、行政化、貴族化、娯楽化」とは、彼の造語ではない。習が群団組織（本来は「社会団体登記管理条例」に従い活動する非営利団体すべてを指すが、この場合は労組、共青団、婦人会）について言及する際によく使う言葉である）

先に触れた習のエリート嫌いを物語る一面である。

筆者の「習近平ＶＳ共青団」には続きがあり、同じサイトで第2弾（２０１８年6月18日）を発表した。というのも当時、団の凋落を象徴する出来事が起きたからだ。団の第一書記・秦宜智（チンイージー）を国家質量監督検験検疫総局の7番目の副局長に転じさせたのである。ここから、中国で「断崖左遷」（崖から転げ落ちるような降格という意味）という流行語すら生まれたのだ。この驚愕の人事は、「将来を約束された」という共青団について回る形容詞に、頭から冷や水を浴びせかけた。

２０１８年の段階はまだしも、２０１６年であれば胡錦濤はいまより心身ともにしっかりしていたはずだ。習が、ここまではっきり団を狙った行動に出れば、何かしらの反応があってしかるべきではなかっただろうか。

だが、胡錦濤が習に対し不満を表したという話は聞かない。かえって話題になったのは、イベントのたびに公の場で露わとなった胡錦濤の衰弱した様子だった。中国内外のネットでは、このことが大きな話題となってきたが、数年前からは北京でも「中国人民解放軍３

01医院海南三亜分院で療養している」という情報が流れるようになったのだ。20大における胡錦濤の〝異常行動〟に対し、中国人と日本人とで受け止め方が大きく違っていた理由のひとつはここにある。新華社の発表した胡錦濤の「体調」という説明に、中国人の多くが違和感を抱かなかったのも、予備知識があったからだ。

　意外かもしれないが、中国の政界では世襲は多くはない。とくに日本と比べれば圧倒的に少ない。

　だが、胡錦濤の息子・胡海峰（フーハイフォン）は政治の道を歩み、現在は浙江（せっこう）省麗水（れいすい）市書記を務めている。海峰の経歴は、研究者としてスタートしていることから、むしろ政治は当初目指した道ではなかったとも考えられる。

　海峰の現在は、大出世とは言えないものの悪いポジションでもなく、目立ったのは習近平が進める「掃黒徐悪（サオヘイチューア）」（マフィア撲滅キャンペーン）で大きな成果を上げ、メディアの注目を浴びたことだ。つまり、習近平政治との相性も決して悪くないのである。

　胡錦濤が、もし日本で説明されるような理由で異常な行動に走ったのだとしたら、彼は効果の期待できない抗議と引き換えに、息子の将来を潰す危険を冒したことになる。そんな説明が本当に説得力を持つのだろうか。そもそも胡錦濤がそれほど共青団に思い入れがあるのだとしたら、息子が団に属していないことは、どう説明できるのだろうか。かなり特殊な親子関係とでも言うのだろうか。

息苦しくアナクロな政策を推し進める真の理由

話題を変えよう。

ここで、いったん立ち止まって目を向けなければならない問題がある。それはわれわれが習近平政治、または現指導部の打ち出す政策や人事を解説できるほど、深い知見を持っているのか、ということだ。

既述したように、習近平が胡錦濤の後継者として突然スポットライトを浴びた２００７年、なぜ当時「絶対的エース」と目された李克強を抑えて、習が「接班」の地位を獲得できたのか。世界は現在も明確には説明できていない。

習の登場にとまどった世界は、ふたつの方向からアプローチを試みた。

ひとつは、習が習仲勲（シージョンシュン）元副総理の息子であること。加えて、将来の指導者候補として習とともに名前が上がった薄熙来（ボーシーライ）（薄一波（ボーイーボー）元副総理の息子。１９４９〜）らと、ひとくくりにすることだ。「太子党」という派閥がメディアに頻出するようになったのは、ここからだ。

もうひとつのアプローチは、党中央に強い基盤を持たない習を、ある種の権力の空白が生んだ結果ととらえ、習近平体制がスタートした後には、さまざまな力に配慮しなければならず、政権運営に苦労するという見立てだ。

筆者は後者の考え方であったが、結果から見ればいずれの見方も間違い、あるいは隔靴(かっか)掻痒(そうよう)だったと言わざるを得ない。

2世グループが党内で台頭したとする「太子党」を基準とした分析は、習の助走期間の後半、習と双璧をなす実力者、薄熙来が党中央から規律違反で追い込まれ、派手に〝落(ルオ)馬(マー)〟したことで破綻する。当時の党は、胡‐温(ウェン)（家宝(ジアバオ)総理）体制であったが、実質的には習近平VS薄熙来の闘いでもあった。このことで、ふたりが「太子党」として利害を共有しているという説明が、成り立たなくなってしまったのだ。

ただ、ふたりのあいだには共通点も少なくなかった。

文化大革命（文革）で辛酸をなめ、習は中学生で労働改造所に送られ、薄は父を告発したことで生涯消えない心の傷を抱えた。いずれも思春期に最底辺から世界を眺めた経験を持ち、社会や人間が日常生活のなかでは決して見せない恐ろしさを目に焼きつけたのだ。

さらに興味深いのは、ふたりは政策の点でもきわめて近い発想を持っていたことだ。薄は、中央でのポストを得られず重慶市書記として都落ちした後、そこで捲土重来を期し、全国的にも話題となるふたつの特徴的な政策を打ち出す。権力者と結びつき暴利を貪りつつ庶民を苦しめていた黒社会（マフィア）を徹底的に取り締まる「打黒」と、文革時代を懐かしみながら革命歌を唄う「唱紅」運動である。

いずれも市民から熱狂的に支持され、薄熙来の名前を全国的に轟かせただけでなく、経済発展の裏側で強い不満を募らせていた「発展から取り残された人々」の怨嗟の声を浮かび上がらせ、胡・温体制に警告を発する役割も果たした。

このことは後に、温総理が「文化大革命のような歴史の悲劇は再び起きる可能性がある」（2012年3月、全国人民代表大会後の記者会見において）と危機感を表現したこと。また、それに続く8カ月後の18大（党大会）で胡錦濤国家主席が「（腐敗問題をうまく解決できなければ）亡党亡国になる」と中国の行く末を憂いたことにもつながるのだ。

薄が進めた「打黒」と「唱紅」は、それに共鳴した人々が薄の逮捕に抗議して毛沢東の写真を掲げて行進したことでもわかるように、習近平政治の持つ匂いを共有している。

妥協のない反腐敗キャンペーンが人々を熱狂させ、党に向けては「不忘初心、牢記使命」（初心を忘れるな、使命を心に刻め）と連呼するスタイルだ。西側世界の政治環境からすれば、とても息苦しくアナクロな雰囲気がともなう。

余談だが、習と薄はともに体が大きくて押し出しが強く、妻が才色兼備だという、文革世代には似つかわしくない特徴も共通していた。

習近平は本当に毛沢東になろうとしているのか？

ふたりの政策が似ていることは、おそらく偶然ではない。また、大衆の支持こそが自らの政治基盤にとって死活的に重要だと考える点も同じだった。

後述するが、江沢民から胡・温体制に続く共産党の指導層にあった「低調」という価値観は、習の時代になって消えた特徴のひとつだ。低調とは「目立たず、自らアピールすることはないが、与えられた役割は十二分にこなす人材」を形容した言葉だ。

習も薄も、低調にはほど遠い政治家だ。

もう一度、習が胡錦濤の後継となった理由に立ち返って考えてみたいのだが、彼の国家副主席としての5年間は、あるいは低調の「仮面」をかぶっていたのかもしれない。また後ろ盾のない、権力の空白から生まれたリーダーという評価にも違和感はなかった。

だが、習が正式に党中央総書記に就任すると、世界はそれまで中国政治に当てはめてきたさまざまな公式や常識を、いろいろな点から修正せざるを得なくなっていく。ただし、だからといって別の〝物差し〟が持てたかといえばそうではない。

今回の20大をめぐる報道にも、それは顕著に表れている。たとえば、習近平政治に対する「独裁が強化され、権力の暴走が始まった」「毛沢東になろうとしている」といった評価だ。

こうした見切り方が、はたして現在の党指導部が目指す方向を正しく反映しているといえるのだろうか。それを正しく検証するためにも、もう少し習近平の総書記就任直後に起きた変化にスポットライトを当てながら振り返ることにしよう。

20大を経て習近平の権力は強化された。

だが、それだけで習政治を判断してよいはずがない。まず整理しておかなければならないのは、やはり「習前」から「習後」で、どんな変化が中国に起きたかだ。その区切りが鮮明な2012年11月の18大後の中国社会には、たしかに劇的な変化が起きている。

理系の名門・上海交通大学出身で古典に明るく、混乱期の中国で育ちながら人前でピアノの腕前を披露する江沢民から、いかにも物静かなエリートの風貌をたたえた胡錦濤と続いた中国の指導者像も、習近平は引き継いでいない。

ディズニー・キャラクターの「クマのプーさん」にもたとえられた牧歌的な風貌ながら、表情には変化が乏しく、親しみを感じさせるタイプの政治家ではない。言葉数は少なさそうだが、一度口を開けばエネルギッシュで、その語り口からは意志と気の強さが伝わってくる。さらに、政治手法は胡のスタイルとは程遠い印象だ。

では、はたして習近平は数々の「前例」を踏みにじったのか。この件については、少し注意が必要だ。なぜなら、中国ではいまだに政治の形が整っていないからだ。よって、習近平が憲法に手を加えるなどの変化を持ち込んだとしても、それを「あるべき姿」からのズレとして判断するのは難しいのである。

中華人民共和国は、建国からわずか73年しか経っていない〝若い国〟である。そして建国の父、毛沢東から鄧小平(デンシャオピン)までの指導者は、西側社会が慣れ親しんだ政治家とは一線を画す存在だ。いわゆる「革命家」だからだ。彼らと同じ革命世代が一線を退き、その権力を引き継いだ江沢民や胡錦濤は、党が培養したエリート政治家だ。これも新しい中国の歴史に注がれた、新たな要素なのである。

江と胡の時代、国を興した革命家たちは「いまは現役ではなくとも、自分たちが銃を担いでつくりあげた国」に対する強烈な自負を持ち続けていた。江も胡も、彼らの存在を強く意識せざるを得なかったはずなのだ。

毎年夏、避暑地に長老たちを集めて行われる北戴河会議は、さながら審査を受けるような緊張感をともなっただろう。

2022年も20大を前に北戴河会議は開催された。しかし、江と胡の時代の北戴河会議と現在とでは、会議の位置づけは似て非なるものなのではないだろうか。ゼロから国を生み出した革命家が「長老」の席に並ぶことと比べれば、〝戦争を知らない〟江と胡が「長老」の席に並ぶ会議が同じ権威を保っていけなくなるのも必然だったはずだ。

こうした避けがたい時代のうねりを底流として、習近平はどのように政界で位置づけられ、また、どんな変化を社会にもたらしたのだろうか。

1931年に腐敗の罪で死刑を言い渡された党幹部

最もわかりやすい変化は、江と胡の時代を通じてメディアで多用された「集団指導体制」

という言葉が、習の時代になってすぐに消えたことだ。

そして、２０１６年10月。６中全会（中国共産党第18期中央委員会第６回全体会議）において、習は「核心」という地位を獲得した。内外のメディアは、これをもって習が権力を完全に掌握したと位置づけた。

ただし、外国メディアの過剰反応とは裏腹に、国内の反応は冷ややかであった。そもそも「核心」という言葉を使わなかったのは、過去に胡錦濤だけであったという事実もさることながら、それ以前に習近平を「核心」と呼ぶことに驚きなどなかったからである。

当時、習近平がどんなふうに人々から見られていたのか。

前述した６中全会を受けて筆者が学術誌『海外事情』に寄稿した記事を読み返すと、〈中国ではいま習近平を称して「鄧小平を超え、毛沢東にも比肩する指導者」と呼ぶ。私自身の体験でも北京で会う官僚たちはもちろんタクシーの運転手やレストランの給仕に至るまで市井の人々の評価は一致している〉という記述が見つかる。

いまでこそ、厳しすぎる動的ゼロコロナ政策が祟り、評判を落としている習近平だが、第１期の人気ぶりは目を見張るものがあった。２０１５年に北京のＣＤショップで「流行っているＣＤをいくつか推薦してほしい」と、まだ10代と思われる女性の店員に頼むと、習近平の妻である彭麗媛（ポンリーユアン）のCDを勧められて面食らったこともあった。不思議に思って「彭麗媛が好きですか」と尋ねると、逆に訝（いぶか）しそうな表情で「だって国母ですよ」と訊き返されたのを思い出した。

1期目の習総書記に人々が熱狂した理由は簡単だ。中国社会にはびこっていた「官僚腐敗」という膿（うみ）を、徹底して絞り出してくれたからだ。

ワイロにまみれた官僚を取り締まる反腐敗キャンペーンは、習近平政権だけの〝専売特許〟ではない。江の時代でも胡の時代でも、定期的に行われてきた。

古くは1931年、毛沢東をトップとする中華ソビエト臨時中央政府が生まれて間もなく、何叔衡（ホーシュンヘン）（最高法廷主席）が中心となって大規模な反腐敗運動が進められている。「反対貪汚（どんお）浪費」というスローガンを掲げた取り締まりで、当時の中央政府駐在村ソビエト主席であった大物、謝歩升（シエブーション）が逮捕され死刑になった。これを見てもわかるように、党にとって「反腐敗」は不可欠なツールであり続けた。

だが、どんな反腐敗キャンペーンにも限界があった。たいていは中途半端な役人が捕まって幕引きとなるため、噂好きで情報通の市井（しせい）の人々は、その背後にいる大物の話を肴（さかな）に酒を飲み、「この国はいったい……」と嘆くのがパターンであった。大物の役人は、明らかに刑事罰外の聖域に暮らしていた。ましてや、党や軍の大幹部に司直の手が届くとは考えられなかったのである。

だが、習近平の時代になると「どうせエライ奴らは……」と「聖域」について語っていた政治通のシニカルな見通しは、ことごとく裏切られることになっていったのだ。

長く厳しい文革で学んだ民衆の強さと恐ろしさ

「トラもハエも叩く」というスローガンを掲げて汚職退治を推進した習近平は、周永康（ジョウヨンガン）（常委）、郭伯雄（グオボーション）（党中央軍事委員会＝軍委副主席）、徐才厚（シューツァイホウ）（軍委副主席）といった、まごうことなき大トラのなかの大トラをお白州（しらす）に引っ張り出し、跪（ひざまず）かせ、その惨（みじ）めな姿を世間に晒（さら）したのである。

周永康は党の最高指導部メンバーであり、かつ公安部や国家安全部を束ねる党中央政法委員会書記を歴任した実力者だ。当然、公安系統に子分が多く、絶大な影響力を持っていた。つまり党の総書記の習近平といえども、やすやすと手を出せる相手でないことは誰の目にも明らかだったのだ。

また郭伯雄と徐才厚も、軍委副主席を務め制服組の頂点をきわめた大物である。軍にはそもそも神秘性があり、独特の団結心も働く。組織に手を出そうとする者には攻撃性を発揮すると考えられてきた。その200万余の武装した組織の頂点にいるふたつの星を撃ち落とすのだから、小さな覚悟でできることではない。

歴代指導部が躊躇（ちゅうちょ）した軍に対する司直を使った〝外科手術〟を、なぜ習近平だけが断行できたのだろうか。そのカラクリについては後述するとして、ハリウッド映画のクライマックスシーンのような絵に描いたような〝悪〟の出現と、それを敢然と打ち砕く習の手法に大衆が熱狂したことは言うまでもない。普段から自分たちを見下し、甘い汁を吸ってきた権力者たちが、因果のなかで報いを受け沈んでいったからだ。

だが、既得権益者に向け大胆にナタを振り下ろす政治スタイルは、必ずしも習近平が先鞭をつけたというわけではない。習のライバル、薄熙来が重慶市書記として取り組んだ「打黒」は、習の「反腐敗キャンペーン」のミニチュア・先駆版だ。これによって、重慶市民は薄の虜（とりこ）になったのである。

実際、マフィア退治のクライマックスに、黒幕として地元重慶市の公安局の文強（ウェンチャン）副局長があぶり出され、文の経営する養殖魚――警察署のナンバーツーが養殖魚で儲けているということ自体が不思議な話だが——の池から、幾重にも防水シートにくるまれた巨大な札束が引き上げられる様子がテレビで報じられると、メディアの興奮は最高潮に達した。これに対する、市民の驚きは尋常ではなかった。

習と薄、ふたりの思考や手法が似ていることを示す象徴的エピソードだ。文革という大衆動員型の政治運動のなかで辛酸をなめたふたりは、大衆を味方につける強さを思春期の心に刻んだのだろうか。

ただし、ふたりのあいだには決定的な違いもあった。薄は大衆の力に目をつけ文革的手法を自分の栄達のため、あるいは自分を冷遇した党をけん制するために使ったのに対し、習は党中央を率い、党にとって将来の禍根となる文革の芽を摘むために、先回りして大衆の不満を退治したという点だ。

習のこのやり方は、20大を迎えても変わることはなかった。

いまだに続く「トラ退治」という荒療治の影響

規律検査に引っかかり失脚する党の幹部は、やはり江の時代にも胡の政権下にもいた。

たとえば、陳希同（チェンシートン）北京市書記や陳良宇（チェンリャンウー）上海市書記だ。失脚時のふたりの党での肩書は党中央政治局委員（政委）だ。政委の失脚は中国政治史に刻まれる重大事件である。

しかし、ここで留意が必要なのは、ふたりが政界から消えたのは総書記に闘いを挑み、敗れていったためで、政治史においては「権力闘争」に位置づけられることだ。習近平の推し進めた〝トラ退治〟とは区別されなければならない。

聖域のないトラ退治の特徴は、習近平が権力を引き継いで間もなく発揮され始めた。

胡指導部の末期、中国人民解放軍の現役中将の谷俊山（グゥジュンシャン）が汚職の容疑で逮捕された。しかし、谷の処理はその後、放置され続ける。当時の中国には、司直の手が届く軍人は「少将まで」という噂があり、それが裏づけられたのだとみな口々に言い合った。

だが習指導部が動き出して1年と4カ月。谷はあっさり軍事法廷に送られてしまったのである。

おそらくこれは、権力の周りにいた政界ウォッチャーたちが、これまでの公式、フォーミュラで中南海を語れなくなったことを自覚する入り口だったはずだ。

谷俊山が逮捕されてしばらく、解放軍の周辺では「谷は現役の中将であっても本流ではない」といった言い訳も聞こえていた。これは、谷が所属していた総後勤部（2015年の軍改革前の4総部制のひとつ）が、解放軍をコントロールする総参謀部、総政治部というツートップに比べて傍流だったからだ。その言外には「どうせ、本当の中枢には手を突っ込めない」という意味が込められていたのである。

だが、そんな軍幹部の一縷（いちる）の望みは、徐才厚の逮捕によってあっさり打ち砕かれてしまった。2014年6月30日のことである。徐は軍人として本流をきわめた人物だ。政委を兼務し、中央書記処書記という要職にも就いていたのだから、制服組のエースという以上に〝別格〟といっても過言ではないキラ星的存在だった。

北京の空気がざわつくなか、そこに追い打ちをかけたのが、しばらく動静が途絶えていた周永康に対する党中央の規律違反審査の決定（7月29日）だった。周はその年の12月、正式に逮捕が発表された。

続いて徐と同じ時代の軍人として唯一、徐を超える大物、郭伯雄が2015年4月に逮捕されると、その2カ月後にはついに周永康が正式に起訴されたのだ。

公安を牛耳り「九皇（ジョウファン）」（当時の常務委員は9人）の椅子に座っていた強面の周の黒々とした頭髪は真っ白になり、精気を失った周が不安げに証言台に立つ姿は、習指導部の完全勝利と新たな指導者像を世間に知らしめるに十分なインパクトを持った。

トラ退治は全国の党員たちに、習近平には予断が通じないことを悟らせ、恐怖心を植えつけるのに十分すぎる効果をもたらしたのである。

反腐敗による経済減退という思わぬ副作用

統計からも「習後」の変化の凄まじさが伝わってくる。就任からわずか1年余りで、26人もの大臣クラスの大幹部が規律検査の対象となり、中国の政界から消え去ったのは前代未聞だ。まさに異常な政権1年目であった。

2014年1月、中央規律検査委員会（中規委）と観察部が公表した2013年の汚職取り締まり概要によれば、事件に絡んで処分された党員は計18万2038人にも上った。これ自体がすでに驚愕の数値であるが、習の総書記1期目が終わるころには、党員の処分は、1日平均900件を超えるペースで進められるようになっていくのだ。

この間、ターゲットになった大幹部たちは、表と裏から持てる力を総動員して抵抗したことは想像に難くない。地方幹部の権力は、その甘い汁を吸う地下勢力から警察内部にも及んでいた。その状況を考慮すれば抵抗勢力は巨大である。

しかも、習近平の敵はそれだけではなかった。

過度な取り締まりは経済成長を鈍化させるという異論が、経済界を中心に持ち上がったのだ。高度経済成長の勢いはすでに失われ、中国の未来を占う記事のなかには、「中所得国の罠」という言葉もあふれた時代である。

習近平は、治世の入り口（2012年12月4日）で、勤勉倹約の励行などをうたった「八項規定」、上級機関への地元名産品の贈答禁止などの「六項禁令」に加えて、予算削減の「圧縮三公経費」といういわゆる〝贅沢禁止令〟（＝倹約令）を打ち出し、それに違反した者を厳しく罰する方針を打ち出した。

改革開放政策後の中国は、経済発展を優先すれば規律が緩み、引き締めれば景気が陰るという悪循環を繰り返していた。ゆえに市場は、習近平の倹約令を景気減速のシグナルと受け取ったのだ。

2014年9月30日、中国の春節（旧正月）に次ぐ大商戦期である「国慶節休暇」の真っただ中に発売された『経済参考報』の記事には、以下のような記述がある。

〈統計によれば、2013年、中国人の高額商品の消費額は、2012年に比べて8％増加したが、そのうち国外での消費が約73％であることが判明した。分析機関の結果に基づけば、２０１３年はわずかに20％の中国人が「高額商品を国内で買いたい」と考えているにすぎないということも明らかになった〉

つまり贅沢を取り締まる風潮を恐れて国内ではカネを使わず、海外での買い物、いわゆる「爆買い」をする現象が顕著になったということだ。前掲記事の意図は、習の政策のせいで一種の〝国内産業いじめ〟が起きているという警告なのである。

同じく『参考消息ネット』（10月16日）は、フランス通信（ＡＦＰ）の記事を引用して、〈反腐敗キャンペーンの圧力を受けて、シーズン真っ盛りの上海蟹の消費量は激減　官消費はほぼゼロに〉と伝えた。

他の中国国内のメディアも、高級酒の「茅台酒（マオタイジョウ）」や高級たばこの「黄鶴楼（ファンフウロウ）」がめっきり売れなくなり、国内消費は高級品のけん引力を失って瀕死の状態に陥っていると警鐘を鳴らした。

高級品を扱う企業の株価は落ち込み、そこに追い打ちをかけるように２０１５年6月には中国株（上海・深圳市場のA株）が急落して、世界にも衝撃を与えたのである。

中国発の株安が世界のマーケットを揺さぶったと聞けば、１９９７年、香港のハンセン指数が一時20％を超えて急落し世界同時株安を引き起こしたことを思い出す。この影響でニューヨーク株式市場は前営業日から554・26ドルも下落。1987年のブラックマンデーを上回る下げ幅となり、日欧の市場でも大暴落を引き起こした。その他にも香港発で世界経済に影響が及んだケースは幾度もあるが、このときは初めて大陸を震源とする世界規模の株価急落の連鎖となった。

これは、いみじくも中国経済が世界経済に与えるインパクトを知らしめるきっかけとなり、その影響力の拡大を意識させた出来事ともなった。

中国経済の行く末が危ぶまれるなか、世界のメディアの論調も習近平の政策に厳しくなっていった。贅沢禁止令や反腐敗が、経済の足を引っ張っているというのだ。

事実、三公経費の圧縮が呼びかけられたことで、高級レストランには逆風が吹いた。それまでの中国の高級レストランは官官接待で支えられていた。そこに「舌の上の浪費」「車両上の腐敗」「接待の歪んだ風」の修正が呼びかけられたのだから当然だ。場所によっては、ストリートが丸ごと閉店に追い込まれたケースもあった。

「水清くして魚住まず」は本当に正しいのか？

当時、党幹部が不正に得た金の使い道として定番だったのが不動産である。とくに別荘がブームとなり、各地で大規模開発が進められた。そのうちのひとつ、野生動物の保護区にもなっていた陝西（せんせい）省秦嶺（しんれい）北麓で進められた違法な高級リゾート開発を、中央が問題視したことがあった。自然を破壊して建てられる別荘に対し、習近平自ら何度も改善を求めたものの、地元政府は無視を決め込んでいた。

すると中央は、膨大な数の重機を動員し１１９４棟の別荘を片っ端から破壊してしまったのである。その様子はテレビでも報じられ、これを見た全国の開発業者たちは肝を冷やし、多くの事業体は途中で計画を断念せざるを得なくなってしまった。

その結果、各地で生まれたのが建設途中で放り出された「鬼城（グイチャン）」である。これが話題となると、さらに経済的なダメージだという声が政権に投げかけられるようになった。

ワイロを厳しく取り締まったことで高級品の売れ行きがダメージを受け、贅沢禁止によって官消費が消え失せ、好調だった高級レストラン業界が傷つき、高級マンションの需要も大きく落ち込み、不動産売買に財政を大きく依存していた地方政府が悲鳴を上げた。

強引、かつ徹底した意志と手法で進められた習近平の社会改革は、多くの国民から喝さいで迎えられた。だが、経済界や都会に住む高給取りたち、いわゆる〝勝ち組〟から強く警戒されることになったのである。

彼らは習近平を「経済音痴」だと揶揄し、現実を無視した政策は早晩行き詰まると、鼻で笑った。中国社会に蔓延していたワイロは、当然のことながら、経済界にとっても競争のひとつの手段として受け入れられていた。一部では、経済を回す〝潤滑油〟とさえ呼ばれていたのである。

たしかに、「水清くして魚住まず」といった批判には一理あった。しかし、結果からすれば、習近平の政策の正しさは時間が証明したといえよう。

安い労働力を目当てに外国からの投資が自然と集まる段階を終えた中国が、さらなる発展を目指そうとすれば、ワイロ社会からの脱却は不可欠だった。

〝パクリ天国〟と世界に汚名を馳せた中国のことを覚えている読者も、少なくないはずだ。しかし、ごく短期間のうちに国内市場からコピー商品が駆逐されるという〝荒療治〟を経て改善されてしまった。これも当時は、コピー商品は悪だが、政権にとって大切な雇用を生んでいるからと、政府が本気でメスを入れることはないとの見方が主流であった。

これまで見てきたように反腐敗キャンペーンは、共産党が政治的に背負った使命という視点からのみ語られることが多いのだが、実は経済という視点からも避けて通ることのできない問題だった。中所得国の罠に陥ると予測された中国が、さらに一段と発展するためには、しつこいようだが〝体質改善〟が必要であったからだ。

末端の役人まで変えた習近平政権10年の功罪

20大が開催される1カ月ほど前から、中国のメディアはこぞって過去10年の習政権の歩みを振り返る特集を組んだ。その第一の功績として強調されたのは、GDPと可処分所得がいずれも倍増したことであった。

西側の政治家が好んで使う「所得倍増」を、曲がり角を迎えたと評された後の中国で、習政権は達成してのけたということだ。

20大をめぐる日本の報道では、テレビ番組などにおいて、「習近平は何の実績もないのに、毛沢東になろうとしている」と一言の下に断じる場面が多出していた。だが、いったいどんな深い考察をすれば、所得を倍増させた指導者の実績を〝無〟にできるのだろうか。いつの間にか中国は、一党独裁、権威主義国家の象徴として、誰もが安易に拳を振り下ろせる対象となった。不確かな情報に基づいて発言しても訴えられることもないのだから、やりたい放題である。

筆者は過去に、『中国という大難』（新潮社、2007年）などの著作で、中国に存在するあらゆる問題について指摘してきた。だが、当時問題視した汚職、格差、貧困、パクリ、地下経済、マフィアの跋扈（ばっこ）、自然破壊、汚染、労働者の劣悪な環境などが大きく改善したのは、事実である。

忘れられないのは2015年、香港から中国本土、広東省東莞（とうかん）市の虎門（こもん）に抜けてボーダーを跨いだときのことだ。通関手続きのブースで居眠りをしていた職員がいたことを、待ち合わせをした広東の友人に話したところ、彼から「写真は撮った？」と尋ねられた。

不思議に思い「なぜ？」と訊き返すと、その友人は「写真があれば、職場に送ってやれば、そいつはすぐにクビになるからね」と答えたのだ。ほんの数年前まで、ふんぞり返って大衆を見下し、威張り散らしていた官僚たちである。それが、ここまで変わるのかと感慨深く、ひどく印象に残ったことが忘れられない。

もちろん、「習後」の世界に起きた変化はよいことばかりではない。言論空間が狭まったことは、その典型だろう。個人的な意味でも、取材環境は明らかに悪化した。

しかし、これは発展を優先するために安定が不可欠だとの判断で、共産党が公言して進めたものだ。西側社会の価値観と相反するのは間違いない。ただし、今後の課題であることも党は認識している。

死後、最大級の名誉の称号が贈られた江沢民

さて、ここまでお付き合いいただいた読者には、習近平というリーダーが明らかに江沢民や胡錦濤とは別種の権力を手にしたということが、理解してもらえたのではないだろうか。その大きな特徴は、やはり党内で選抜されたという正当性の枠を突き抜け、大衆人気を獲得した点にある。

つまり中国のリーダーは、毛沢東や鄧小平など、実際に銃を担いで命がけで国をつくりあげたと自負する革命家たちの時代を経て、党内で選抜、あるいは培養されたエリート指導者の時代を迎え、そこからまた大衆人気を獲得したカリスマ型指導者へという変化を遂

げてきたのである。

この歴史的な流れからしても、「習近平は毛沢東になりたがっている」と評することにはやはり無理があろう。一口にカリスマ型の指導者といっても、習近平と毛沢東では明らかに種類が違っているからだ。

そもそも習近平本人は本当に「毛沢東になりたがっている」のだろうか。とても、そうは思えない。

理由は簡単である。

習近平は自らが手掛けた２０２１年の「歴史決議」（「党の百年奮闘の重大な成果と歴史的経験に関する中共中央の決議」）で、毛沢東の晩年を明確に「錯誤」として何度も位置づけているからだ。

２０１８年の春には、党の指導の下、教科書の書き換えが行われ、ちょっとした騒ぎになったこともあった。習近平が毛沢東擁護を始めたのではないかとの疑念が持ち上がり、左傾化の懸念がささやかれた。

実際、教科書にはもともと、「毛沢東は党中央が修正主義に陥り、党と国家は資本主義復活という危機に直面したと誤って認識した」と表現されていた。ここから「誤って」を削除し、単に「認識した」と表記する変更だったのだ。ゆえに、毛への再評価と受け止められても不思議ではなかった。

だが、「歴史決議」は党の正史である。教科書とは重みが違う。そこではっきり「錯誤」と評されたのが毛沢東の晩年である。その毛沢東を、この期に及んでわざわざ習近平が真似なければならない理由など存在するのだろうか。

習近平が「毛沢東になろうとしている」という批判は、西側のメディアが好んで使うフレーズで、西側社会に暮らす人々の耳にはすんなり入ってくる。筆者自身も使ったことがある（「毛沢東化」と）。だが、それは中国に生きる共産党員の価値観とは一致しない。

党の中核を成す共産党員は、強い〝信仰心〟を持った集団の一員だ。彼らは最後は、やはり歴代党幹部が埋葬されている八宝山（バーバオシャン）で安らかに眠りたいと願い、権力の頂点を目指している。そして永眠時には、できれば「偉大なマルクス主義者」に始まる数々の共産党員としての栄誉の言葉に囲まれながら送られたいのである。

2022年が幕を閉じようとする師走、江沢民元総書記が死去（11月30日）したというニュースが世界を駆け巡った。国際連合の安全保障委員会でも黙とうがささげられた。間もなく葬儀委員長に習近平自ら就任することが報じられ、「全党全軍全国各民族に告げる書」が出された。そのなかには毛沢東、鄧小平に続き「偉大なマルクス主義者」の称号があった。マルクス主義者として送られるのは党員の名誉であり、その前に「偉大な」という形容詞がつけられるのは最大級である。

こういう話を聞いても日本人がいまひとつピンとこないのは、彼らの価値観を理解していない証拠なのだ。

われわれとは違う価値観のなかに生きている中国の指導者の面々が、外国人に称賛されるために身を削ったり、ましてや国内や党内での評判を落としたりするような選択を、するはずがないのである。

日本人が中国の政局を分析するとき、そこにある種の「願望」が入り込めば歪みは避けられない。その問題についてはすでに述べた。同じように、彼らの生きる世界の価値観を誤解すれば、正確な分析結果にはたどり着けないということだ。

江沢民の時代には朱鎔基総理に、習近平指導部のなかでは李克強総理に、西側メディアが期待し担わせようとした「独裁者のブレーキ役」とか「西側的価値観の理解者」という位置づけは、残念ながらつくられた虚像であり、幻想にすぎない。

彼らはあくまで、共産党という組織の大幹部なのである。だからこそ自らが参加して決議した党の路線や方針から逸脱することもなければ、たとえ政策の違いなどで齟齬が生じたとしても、対立を表面化させて党を弱らせるような行動に走ることはきわめて稀なのだ。

浮き彫りになった「集団指導体制」への大きな誤解

3期目に入った習近平の中国に対しては、「習近平の『イエスマン』ばかりで固めた新たな最高指導部では、一度トップの暴走が始まれば、誰も止められない〝危うさ〟がある」との評価がつきまとう。

中国の将来を予言することには興味はない。しかし、ひとつ言えることは、これまでの中国の最高指導部が、意図的なバランスの下でトップを抑制するような人事を心がけてきたかと問われれば、明らかに違うと言わざるを得ない、ということだ。

革命家が党を引っ張る時代から、テクノクラート型指導者の時代へと変化を遂げたのが江沢民時代である。

このとき実績という点からも、当初は重みを欠いた指導者と評された江沢民のために、鄧小平が後ろ盾となった。そして同時に、江と上海時代に仕事をともにした幹部たちを次々と北京へ引き上げたのである。

他の地方のトップから、羨望と嫉妬の目で見守られながら上海から中央へと出世して形成されたグループが、後々「上海閥」や「江沢民閥」と呼ばれるようになり、中国の政局を派閥の論理で説明する流れを加速させていった。

もっとも現実に起きたことは、そんな単純な話ではない。上海の書記から中央で最高指導部入りするという流れは、江沢民がつくりだしたというよりも、鄧小平が一本釣りを繰り返してできた集成だったからだ。

事実、江沢民の後を追うように北京に上り総理となった朱鎔基は、上海時代から江沢民との不仲が有名だった。北京では、そうした関係も多少修正されたとも言われたが、同じ派閥に属していたと説明するには無理があった。

また、朱の後に中央入りした呉邦国（ウーバングォ）（後に全国人民代表大会常務委員長。1941～）も、江に近い人物と判断できる材料には乏しかった。

総書記に選出された当初、外国メディアが慌てて人物特定をしなければならないほどのダークホースで、その滑り出しでは「弱虫」と陰口をたたかれた江沢民。彼が指導者としての地位を固めていくのは、政権の後半になってからのことだった。また、その段階に至って初めて江自身が、上海から気心の知れた若手を登用するようになったのだ。具体的には、黄菊(ファンジュ)（後の国務院副総理。1938〜2007）を抜擢した前後だと考えられている。江沢民から胡錦濤へと続いた権力は、「集団指導体制」と呼ばれてきた。だが、思い返してほしいのは、その間、鄧小平は党内の権力をできるだけ江沢民に集まる環境を整えようとしてきたことである。

このふたつの矛盾する事実を、われわれはどう理解すべきなのだろうか。

まず考えなければならないのは、党のガバナンスのひとつの進化形として、鄧小平は「集団指導体制」というスタイルを生み出したという仮説だ。そしてもうひとつは、それとは反対に「集団指導体制」はあくまで――力強いリーダーが出てくるまでの――暫定的な手段だった、という理解である。

西側のチャイナ・ウォッチャーの多くは、習近平の政治スタイルを、「集団指導体制」を後退させて「独裁」へと向かわせたとして批判する。これは「集団指導体制」を合議の制度ととらえて、民主的で進歩的だとする考え方に沿った評価だ。

一見、もっともな理屈ではある。

だが、現実に当てはめたときには、やはりどうしても整合性を欠く。なぜなら実際に江沢民時代ひとつとっても、彼の下でも時間の経過に従い「集団指導体制」がより深まったという事実は見当たらないからだ。むしろ逆に、江沢民は日を追うごとに権力を固め、自らを「核心」と位置づけていったのが事実である。

だからといって、江沢民時代に「集団指導体制」が崩れたのかといえば、決してそうではない。江はあくまでも党内の力学で選抜された指導者で、突出した指導者とは認識されなかった。

さらに江の後を継いだ胡錦濤の政治スタイルは、「集団指導体制」とのあいだにより強い親和性を持っていた。胡錦濤は見た目も語り口も穏やかで、常に理知的な雰囲気を絶やさないタイプのリーダーだった。

教養人であり文化的素養が高かった江沢民は、それを隠そうとしないリーダーだった。部下にも教養を身につけることを求め、自分が感動した文学作品を党員に読むように求めたこともある。清の官僚で英雄、「曾国藩（そうこくはん）」の伝記がそうだ。部下が引用した漢詩の間違いを指摘したことも一度や二度ではなかった。

また、複数の外国語に通じていた江は、部下の通訳の間違いを正したこともあったが、胡はそういうタイプのリーダーではなかった。徹底して自分のアピールを控える「低調」

を貫いた。おそらく胡の前で何かを間違えた官僚もいたはずだが、彼がそれを指摘することはなかった。

そのため、党の養成したスキのないエリートとの印象が強く、「テクノクラート」の指導者を擁するという、共産党自身が目指したであろう組織としての変化を象徴する存在でもあったのだ。

それだけに、胡の後を継いだ習近平の「独裁」的なイメージが加速されたのだと考えられる。もちろん、それは胡錦濤が意図したことではないだろう。

20大をめぐっては、世界中のメディアが習近平体制を「異例の3期目」と呼び、あたかも習が、従来中国が目指していたものを捻じ曲げたといった印象をふりまいた。

だが、われわれが中国政治の変化と流れを理解しようとするとき、習近平を「異」ととらえることは、はたして正しいのだろうか。むしろ、それよりも胡錦濤を「異」として解釈したほうが、よほど腑に落ちるのだ。

その視点については、第3章でさらに掘り下げながら、習近平政治の内実に迫ってみることにしよう。

第2章

台湾侵攻と平和統一という“矛盾”の意味

理由❷

～対台湾戦略の「軟化」～

中国が台湾統一を目指しているのはたしかだ。ただし、決して武力侵攻一択ではない。硬軟織り交ぜた、対台湾戦略を遂行している。その裏には、知られざる習近平個人の台湾との関係があった――

絵空事ではない中国による「台湾統一」

日本人は外国語の習得の苦手だと指摘されれば、誰もが肯定させるを得ないだろう。だが、同じくらい世界情勢の分析も苦手だといえば、腹を立てる日本人は少なくない。

だが、残念ながら否定はできない。わかりやすい例が台湾だ。

台湾問題はここ数年、安全保障の視点から語られることが多い。しかし、「安全」という視点から論じたとしても、日本での議論は「中国か、台湾か」「アメリカか、中国か」を選択する枠を出ることが、ほとんどないのだから不思議だ。

「もし、中台が統一され、その力が日本に向かってきたら、どうなるでしょうか？」

「それを心配しなくてもよいのですか？」

私はときどき、こんな少々意地悪な質問をしてみるのだが、相手が国会議員であれ、学者であれ、外務省の官僚であれ、新聞記者であれ、返ってくる反応はほぼ同じだ。

非常に戦略的な思考をしていると感じる人でも、予測できている〝最悪の未来〟は、せいぜい「台湾海峡危機に米軍は介入しない」だ。つまり、誰も答えを持っていないのだ。

中国共産党にとって「台湾統一」は神聖な使命である。これはよく、日本にとっての沖縄にたとえられるが、私はむしろ東西ドイツに分かれていた時代のゲルマン語を話す人々の願いに近いと考えている。

中国が「何年かけても取り戻す」と強い決意で臨んでいて、かつ中国の勢いが世界で高まり続けると予測されている現状において、台湾統一を絵空事だと一蹴してはいけない。ハイテク分野で世界に存在感を示した台湾を呑み込んだ中国が、地理的な意味でも強化されて日本と向き合う。

しかも、同じことが朝鮮半島でも起きる可能性があるのだ。

そう遠くない未来、ふたつの統一された新たな勢力が日本を取り囲むかもしれない。それが東アジアのひとつのリアルである。さらに背後には、ロシアもいる。

このときアメリカは、現在と同じレベルで日本の味方をしてくれる、と言えるだろうか。東アジアに興味を失っていることはないだろうか。

安全保障がもし「最悪」を想定するものであるのならば、日本が身につけなければならない能力は、本当に敵基地を攻撃できることなのだろうか。

前置きが長くなったが、この前提を踏まえたうえで台湾問題に触れていきたい。

習近平が20大で明かした台湾への「野心」の意味

中国は、いかに台湾統一と向き合うのか。それが集約的にアップデートされているといえるのが、20大（党大会）の習近平の「報告」だろう。

前章でも触れたように、20大のメディアの報道は前半が台湾問題に、後半が胡錦濤の強制退場問題に費やされていた。

党大会前には、ナンシー・ペロシ米下院議長による台湾への強行訪問や、アメリカの現職議員の相次ぐ訪台、また米政府による兵器の売却など、習政権の神経を逆なでする問題が次々と起こり、台湾海峡の緊張は高まっていた。そんななか、中国がどんな「報告」を出すのか、世界は注視していた。

試みに「報告」を受けた各メディアのタイトルを並べてみよう。

●習近平総書記、台湾統一めぐり「武器使用を放棄しない」…中国共産党大会で政治報告　『読売新聞オンライン』　２０２２年10月16日

●台湾統一は「歴史的任務」　政治報告に明記、武力放棄せず――習氏3期目へ・中国党大会開幕
『時事ドットコム』　2022年10月16日
●習国家主席 台湾統一のためには武力行使も辞さない姿勢示す
NHK NEWSWEB　2022年10月16日
●統一へ「武力行使」ちらつかせた習氏 台湾の研究者がみる中国の本音
『朝日新聞デジタル』　2022年10月18日

一目（いちもく）してわかるのは、日本のメディアが台湾問題における、中国の「武力行使の有無」に焦点を当てていることだ。習近平が「報告」のなかで、「武力行使の放棄を決して確約するものではなく、一切の必要な措置を取る選択肢を留保する」と述べた部分に反応した報道である。

習近平がルールを無視して総書記3期目に向かったという批判がメディアには根強く、その強引さと、台湾に対する非平和的手段をうまくシンクロさせ、台湾統一を習の「野心」と結びつけていたのが目立った。

ところが、この見立ては私が北京の知人と連絡して得た感想とは、大きく異なっていた。

大方の意見は、むしろ習近平が「軟化した」というものだったからだ。

実際、どうなのだろうか。

たしかに「報告」で習近平は、〈武力行使の放棄を決して確約するものではなく、一切の必要な措置を取る選択肢を留保する〉と述べている。だが、この言い回しそのものは決して目新しいものではない。ペロシによる強行訪台後の中国軍による大規模軍事演習を受けた党大会での「報告」であれば、そのなかにより強いメッセージが込められるのではないか、というのが大方の見方だったのだ。

ゆえに、少々肩透かしを食らったという印象である。そもそも〈武力行使の放棄を決して……〉という文言は、２００５年に制定された「反国家分裂法」で使われて以来ずっと繰り返されてきた。つまり、新味も迫力も欠き、一連の動きに対する台湾への警告としては、物足りないものだと言わざるを得ない。

また、それ以前の問題もある。

もう少し詳しく「報告」を見てみよう。

まず〈武力行使の放棄を決して……〉という習の発言には、当然のこと前後の文脈がある。その前段には以下の文章があるのだ。

〈台湾は中国の台湾である。台湾問題の解決は中国人の問題であり、中国人の手によって決められなければならない。われわれは最大の誠意と最大の努力を尽くして平和統一という条件を整えたい〉

この後に〈しかし、武力行使の放棄を決して……〉と続くのだ。

前段のとりわけ〈最大の誠意と最大の努力を尽くして平和統一という条件を整えたい〉と記された部分は、勝手に切り捨ててよい一文ではない。

つまり、武力行使はすべての選択肢が閉ざされてしまった後の、最後の選択だと言っていることがわかる。

しかも、平和統一を強調した言葉は、〈最大の誠意と最大の努力を尽くして……〉の部分だけではない。

「報告」の前半では、次のような一文が見つかる。

〈「平和統一」と「一国二制度」の方針は、両岸統一を実現する最も理想的で、両岸の同胞や全中華民族にとって最も有利な方式だ〉

さらに、これを受けた統一の過程として、以下のような説明もある。

〈「ひとつの中国原則」と「92コンセンサス」を堅持するという基礎のうえで、台湾各党派、各界、各階層の人々と両岸関係と国家統一に関し、広く深く協議し、ともに両岸関係と平和発展を推進し、祖国平和統一の道のりを進んでいく〉

ここで引用した一文のなかに〈「ひとつの中国原則」と「92コンセンサス」を堅持するという基礎のうえで〉とわざわざ断っていることについては、後で出てくる論点で重要になるので覚えておいてほしい。

中国が対台湾政策で見せていた「軟化」の姿勢

さて、先に〈武力行使の放棄を決して……〉という表現が確定したのは反国家分裂法からだと記した。そして、武力行使は「すべての選択肢が閉ざされてしまった後」に行われると解説した。実は、これは同法にも詳しく書かれている。具体的には「台湾で、中国からの分離をもたらしかねない重大な事変が発生したとき、または平和統一の可能性が完全に失われたとき」という記述である。

前者はクーデターや革命を、後者は台湾当局による独立に関する何らかの宣言を意味しているように解釈できる。もちろん、何が「重大な事変」で、何が「平和統一の可能性が完全に失われたとき」なのか、それを判断するのは中国次第という問題は残されるものの、共産党が高いハードルを設けようとした意図は明確だ。

ちなみに「報告」にあった〈最大の誠意と最大の努力を尽くして平和統一という条件を整えたい〉という表現も、そのまま同法に記されている。

20大の「報告」を読んで、私が即座に「軟化」と受け止めた理由は、全体のバランスのなかで判断したことや、新味、迫力を欠く表現があったからだと書いた。

それとともに、やはり大切なのは、「報告」に至るまでの、ここ数年の中国の動きだ。その過程には明らかな「軟化」――これは懐柔の動きと言うべきかもしれない――の兆候が表れていたからである。

実は、習指導部はここ数年、重要講話などの形で台湾に対するメッセージをかなり高い頻度で発していた。

代表的なものでは、2019年1月2日に出された「『台湾同胞に告げる書』発表40周年記念での習総書記重要談話」（以下、「談話」）と、第1章で触れた2021年11月の「歴史決議」のなかで出された「新しい時代における党の台湾問題解決のための全体方略」（以下「方略」）である。

この「談話」と「方略」で使われた表現として、今回の「報告」にも反映されているのが、中国が誰に対して武力を行使するのか、を明記した部分だ。

それは、「報告」のなかでは〈武力行使の放棄を決して……〉という一文の直後に、〈ただし、その（筆者注：武力行使の）対象は外部勢力とごく少数の台湾独立分子、および台湾独立の活動に対して〉と記されているのだ。

しかも、この一文の後には、念を押すように〈決して台湾全体に向けられたものではない〉とも書かれている。

習近平はここ数年、いくつかの場面で「中国人は中国人と戦わない」と強調し続けている。その源流は、先に記した2019年1月の「談話」である。つまり、「台湾海峡危機」と聞いて西側メディアが反射的に想像するような、単純な台湾侵攻などではないというメッセージを、わざわざ新たに送っているということなのだ。

加えて、20大の「報告」のなかで新しい表現を探すと、以下のような件が見つかる。

〈われわれは終始一貫台湾同胞を尊重し、関心と愛情を注ぎ、幸福をもたらし、両岸経済・文化の交流や協力が促進されるよう力を尽くし続け、両岸の各領域で融合と発展が深まり、台湾同胞の福祉制度や政策が増進され改善されることや、両岸がともに中華文化を輝かせ

ながら両岸の同胞が心を通わせることを促す〉

ちなみに愛情と幸福を意味する「造福（ザオフウ）」は、2013年6月13日に訪中した台湾の呉伯（ごはく）雄（ゆう）中国国民党（以下、国民党）名誉主席（当時）と会談した際、「中華民族と両岸の造福を願っている」というように使われたことが知られている。中台が、ともに歩み寄る環境をつくるために用いられる言葉だ。

こうしたことを見ていくと、ここ数年の流れが「軟化」であるという意味が理解できるのではないだろうか。

台湾海峡における絶対的な敵はアメリカ

中国の対台湾政策は、一方で明確なレッドラインを示しつつ、一方で「軟化」のメッセージを併せて発してきた。なかでも昨今は「軟化」の部分を拡大し、攻撃対象の的をできるだけ絞っていると考えられるのだ。

象徴的なのは、武力行使のターゲットとして名指しされた一部の「独立分子」（頑なな独立分子）である。

現状、中国が公式に認めている「独立分子」は蔡英文台湾総統以下10名——2021年11月に3名が、そして2022年のペロシによる強行訪台直後に新たに7名が指名された——である。仮に「独立分子」の親族や関係者を含めたところで、大した人数にはならないのだ。

ましてや、大規模侵攻によって取り除かなければならない勢力などとは、中国は考えていないだろう。

問題はむしろ、「独立分子」の前に記された「外部勢力」だ。順番からしても優先度が高いのは明らかだが、中国が「外部」と言うのだから台湾ではないことになる。

つまり、アメリカなのだ。

こんなことを書けば、「まさか」という反応があるのは承知している。いくら中国といえども、アメリカと戦争をやれば負けるに決まっている、と。

だが、逆説的に問えば、台湾との戦いに臨んだ中国は勝利を手にできるのだろうか。

戦争という言葉は、広い意味を持っている。

これまで、「中国には戦いに必要な十分な兵力を輸送する力がない」とか、「海に囲まれた台湾は、それ自体が自然の要塞」といった見方がされてきた。だが、中国がいまだにそんな弱点を克服していないと考えるのは、あまりに都合のいい話だ。

中国が、いまや海洋大国であることは世界の認識だ。まずは船舶の保有数を見てみよう。中国の商船数は現在、世界一で、第2位のギリシャの2倍というボリュームとなっている。

そして造船分野でも、一般的な商船から大型クルーズ船、大型タンカー、海洋掘削船、またステルス艦や空母まで、最先端の建造技術を誇っている。『ニューズウィーク日本版』（電子版、２０２０年12月24日）では、〈「世界記録並み」の急ピッチで強襲揚陸艦の建造を進める中国〉というタイトルをつけて、中国の海洋軍事力の強化を紹介していた。

台湾への侵攻作戦についても、73年間もそのことだけを考え続けてきた解放軍の蓄積を軽視してはならない。

ただし、ここで述べる問題はそこではない。重要なのは、戦争という選択によって、中国経済が死活的なダメージを食らうことを含め〝敗北〟は避けられないという視点だ。

たとえ、大きな代償を払って台湾を獲得したとしても、戦争の被害者として、中国に恨みを持った２３００万の人々を懐柔することは簡単ではない。台湾の経営は前途多難となり、中国にとってデメリットのほうが大きくなる可能性は否定できないのだ。

そうであれば、少々時間をかけたとしても、互いが納得できる形で統一できるタイミングを探ったほうが、はるかに合理的で現実的だろう。

台湾では独立志向が強まっているものの、それが圧倒的というわけではない。そうであればなおのことだ。この点については、後で触れよう。

ロシア・ウクライナ戦争から学んだアメリカの〝漁夫の利構造〟

さて、話を武力行使の対象という視点に戻して、もう少し話を進めていこう。

「報告」の指す「外部勢力」がアメリカだと仮定すると、中国は本気で対米戦争を仕掛けるのか、という疑問が当然浮かぶ。そして、これは誰が考えてもハードルの高い話だ。

しかし、もし中国が何もしなければ、台湾は永遠に中国から離れていくことが決定的になったとしよう。そのとき、背後で中国人民の怒りが沸騰すれば、共産党が何もしないで政権にとどまり続けることは不可能だろう。

つまり、このときの選択肢として、単に台湾に侵攻するのか、それともアメリカとの緊張を高めるのか、という二択を迫られれば、後者を選ぶほうが中国にとってはるかにメリットは大きいのだ。

ロシアによるウクライナ侵攻後の展開を見ても、中国が台湾に侵攻すれば、アメリカは台湾を物資の面から支援し、国際社会で中国を孤立させるために包囲網を形成することは目に見えている。また国際社会――なかでも西側先進国――は、力の弱い台湾に同情的な反応を示し、中国にさまざまな制裁を課すだろう。

アメリカが後方支援する台湾に勝つのは大変なことだ。だが、たとえ中国が台湾に勝利しても、中国も台湾も同じようにボロボロになってしまい、戦後、経済発展でしのぎを削る国際レースからの脱落は避けられなくなる。ウクライナの教訓を語るのであれば、ロシアとウクライナのどちらかが戦争で勝利したとしても、国際競争という点ではどちらも敗者となる。それと同じなのだ。

さらに重要な視点は、ロシアとウクライナの戦争でヨーロッパ全体も敗戦することだ。残酷な言い方をすれば、これは地域における緊張の高まりを、うまく制御できなかった愚かな人々が被った報いというほかないのだ。

そして、同じことはアジアにも言える。

中国がこの点に敏感であるのは、ロシアがウクライナに侵攻した当日から、中国では「EU（欧州連合）敗戦」というワードが飛び交っていたことからもわかる。

賛否はさておき、ロシア・ウクライナ戦争の裏には、アメリカとＮＡＴＯの策動があったというのが共産党の見方だ。これは台湾海峡には、より強く反映される。

台湾侵攻を行った中国がボロボロになった場合、直接干戈（かんか）を交えなかったからといって、アメリカは対中攻勢の手を緩めるだろうか。ありえない話だ。ならば、傷ついていない状態でアメリカと向き合ったほうが、はるかに勝算は高くなる。

また中国は、アメリカが〝好戦的〟な国であると根深い不信感を抱いている。その根源にあるのは、アメリカは「本土が大きな被害を受けていない」ということだ。過去の悲惨な戦争体験はヨーロッパとアジアでこそ鮮明だったが、アメリカ人（軍人は除く）は、それを共有していない。だから、本土が被害を受けたことのないアメリカにとって戦争は、成功体験としてのみ記憶されているのではないか、という疑念を中国は抱いているのだ。

事実、ふたつの大戦はアメリカの地位をただ単に高めただけでなく、世界の超大国へと押し上げた。さらには、戦争を発動した大統領の支持率は、ほぼ例外なく上昇するという特徴を持つ国でもある。

またアメリカが、その巨大な軍事力を第２次世界大戦後も維持したことから、現在の世界の悲劇の多くが生み出された、というのも中国が強く持つ視点だ。換言すれば、アメリカが巨大な軍需産業と軍隊を維持するためには、どこかで紛争を起こさないといけないということである。

これ自体「陰謀論」として扱われる理屈だが、一方でアメリカが間断なく戦争を続けていることも事実だ。中国は「アメリカが建国から現在まで戦争しなかったのはたった16年」だと主張している。実際、ベトナム戦争以後、アメリカが「やむにやまれぬ事情」により発動した戦争はどれなのか。この問いに明快な答えを出すのは、かなり苦しいはずだ。

ロシア・ウクライナ戦争では、アメリカの兵器メーカーの株価が爆騰――ロッキード・マーティン社は約２カ月でおよそ20％も株価を上げた――している。

アメリカは、紛争を意図してつくりださないにしても、万が一、台湾や日本が中国と戦争を行うことになれば、自分たちが後方から薪をくべるだけで、軍需産業は巨大な利益を得て、ライバルを弱らせることもできる。つまり、アジアでの戦争はアメリカにとって〝漁夫の利構造〟になっているのだから、中国が警戒するのも当然だろう。

ゆえに中国は「報告」のなかで、武力行使のターゲットの筆頭に「外部勢力」という言葉を持ってきているのだ。当然、これは台湾に対する〝メッセージ〟というよりも、アメリカに対する〝警告〟と考えるべきだ。

米軍トップがトランプの頭越しに中国に電話した理由

では、中国がアメリカとのあいだで、本気で緊張を高める可能性はどれくらいあるのだろうか。

これについては実例を見るのが早い。トランプ政権下の2019年から統合参謀本部議長を務めるマーク・ミリーが、中国側のカウンターパート、李作成（リーツォチャン）中央軍委連合参謀部参謀長（当時）と2020年10月、極秘裏に電話で話し合った動きだ。

米中の水面下の接触が明らかにされたのは2021年秋。米紙ワシントン・ポストのボブ・ウッドワード記者とロバート・コスタ記者が共同で執筆した『PERIL』（邦題『PERIL危機』、日本経済新聞出版、2021年）においてである。

当時の米軍の最高司令官は、言うまでもなくドナルド・トランプ大統領である。つまり大統領を差し置いて、なぜミリーが直接中国の参謀長と連絡を取ったのか。CNNなど米系メディアは、共和党に属する上院議員や下院議員がミリーの行動を問題視し、辞任を求めたと伝えている。

これは手続き上、統合参謀本部議長の権限によるハイレベル協議であり、国防総省の文民と協議して行われたものとして不問に付された。だが、次に焦点となったのは何を話し合ったのか、だ。

『ＰＥＲＩＬ』では、通話の内容がこう記されている。

「李将軍、あなたと私は今や5年来の知人同士だ。仮に我が軍が攻撃を仕掛けるなら、必ず事前に連絡を入れる。奇襲攻撃にはならない。青天の霹靂（へきれき）となることは決してない」（２０２０年10月30日にミリーがかけた電話）

こうしたやり取りから推測されるのは、解放軍が何らかの動き、とりわけ米軍が攻めてくるということを前提として動きだしたことを受けた、ミリーの反応だということだ。つまり、中国はこの時点で、いわゆる臨戦態勢に入っていた可能性が高いのだ。

米中が緊張を高めるというと、突然、一気に全面戦争に突入するというイメージを持たれるかもしれないが、そうではない。実際は、そこに至るまでにいくつもの段階を経る。そうした際に中国が狙っているのは、緊張を高めるなかで中国の並々ならぬ決意と覚悟を見せることだ。当然、その前提としてアメリカへの一定の信頼もあってのことだ。

共産党にとって「台湾が奪われることを座視」すれば、人民から政権党としての資格を問われるのだから、国内では死んだも同然である。そうであれば座して死を待つより、打って出て活路を開くしかなくなるのだ。

この窮鼠（きゅうそ）の如く猛り狂った解放軍と死闘を演じたとき、アメリカの被害はどれほど大きなものになるだろうか。

中華人民共和国は、いわば近代史という不名誉と苦痛の汚泥のなかに咲いた〝花〟である。それを率いた共産党にも国民にも、再び汚泥にまみれるという恐怖心は共有されている。もし、ここで一歩譲れば再びアヘン戦争以降の歴史が繰り返されるという恐怖に火がつけば、朝鮮戦争時のような戦闘モードに切り替わることは想像に難くない。

対するアメリカは、国民の大半が正確な位置さえ知らないアジアの島を守るために、どこまで若い命を犠牲にする覚悟を持てるのだろうか。

しかも、中台関係がロシアとウクライナの関係と決定的に違うのは、中台はあくまで内政問題――厳密に言えば国民党と共産党の内戦が続いているという解釈になる――だということだ。

この認識は歴代の米政権もおおむね共有してきた。

中国が折に触れて持ち出す「上海コミュニケ」（リチャード・ニクソン大統領の訪中に合わ

せて1972年2月27日に上海で発表された米中共同宣言）を含む3文書（1978年の「外交関係樹立に関する共同コミュニケ」、1982年の「八・一七コミュニケ」）に、アメリカの対中基本姿勢が示されている。

すなわち、「アメリカ合衆国は中華人民共和国政府を中国の唯一の合法政府であることを承認し、中国はただひとつであり、台湾は中国の一部であるとの中国の立場を認識」しているのだ。

トランプ政権末期に、3文書の関係を見直すという話も持ち上がったが、もしこれを変えるとなれば、中国との関係が根本から覆るので、とても現実的な話とは思えない。

少なくともジョー・バイデン大統領は、習近平国家主席との直近の会談において政策の変更はないと明言している。

試みに、2022年11月14日、インドネシアのバリ島で行われた直近の米中首脳会談におけるジョー・バイデン大統領の発言（中国側が発表）のなかで、中国側が期待した部分について、以下に抜粋しておこう。

「私は、中国の安定した発展はアメリカと世界の利益に符合すると考えている。アメリカは中国の体制を尊重し、体制転換を求めない。新冷戦も認めないし、盟友国と関係を強化することで中国に対峙することもしない。台湾独立も支持しないし、『ふたつの中国』も『一中一台』も支持しない。中国との衝突も望まなければ、デカップリングに向かおうとも思わない。中国の経済発展を阻害しようとも思わないし、中国包囲網を築くつもりもない」

（『新華社』２０２２年11月14日）

発言していることと実際の行動が一致しているか否かは議論を呼ぶところだが、少なくとも公的には「台湾独立も支持しないし、『ふたつの中国』も『一中一台』も支持しない」と述べているのだ。

ウクライナのウォロディミル・ゼレンスキー大統領と台湾の蔡英文総統では、残念ながら立場は同じとはならないということだ。

ペロシの強行訪台が生んだ意外な政権批判の嵐

こうして検証していくと透けて見えてくるのは、アメリカの国益は中台の適度の対立のなかにこそあるという現実だ。それ以上の対立の激化は、かえって国益を損ねる。ましてや、アメリカが国の存亡を賭けて、中国と戦うメリットは見つけにくい。

ただし話を本筋に戻せば、これらはいずれも中国が武力行使に踏み切ったらという、きわめて可能性の低い「仮定の話」を基にした考察にすぎない。繰り返し書いてきたように、中国にとっての台湾をめぐる武力行使は、最後の最後の手段なのである。

では、中国が最終手段に踏み切る前に目指す「最大の誠意をもち、最大の努力を払って、平和統一」とは具体的に何を指すのだろうか。

習近平の考えを知るヒントのひとつは2022年8月2日、台湾海峡がやはり「アジアの火薬庫」なのだと世界が再認識したペロシの強行訪台である。

現職の下院議長の台湾訪問は、前例がなかったわけではない。1997年にはニュート・ギングリッチ下院議長がすでに行っているので、アメリカの対台湾政策のレベルがひとつ上がったと明確に言い切れるものではなかった。

しかし、それでも中国は激しい反応を見せた。

ペロシが訪台を計画しているという情報が世界を駆けめぐった7月25日のこと。定例会見に臨んだ中国外交部の趙立堅（ジャオリージェン）報道官は――英『フィナンシャル・タイムズ』の報道を肯定する形だったが――中国がアメリカに対し「過去に例のない強力な警告を非公式に伝えた」ことを認めた。

そしてペロシ訪台が実現したと報じられると、まず激しく反応したのはSNSだった。ネットにあふれたのは、ペロシやアメリカ批判だけではなかった。第一報からおよそ30分のあいだに、国内のSNSを埋め尽くしたのは政権批判だったのだ。

普段はタブー視される解放軍への批判から習主席を蔑む書き込みまで、堰(せき)を切ったようにあふれ出した。

「アメリカを直接攻撃しろ!!」

「やれ、そうしたら終わる。もし戦いになれば呼ばれなくてもオレは行く」

「撃て！　オレが最初の戦死者だ。戦い以外に何があるというのか」

こうした主戦論が大勢を占めるなか、「人民解放軍は紙のトラ（絵に描いたトラ＝使えないトラ）か」とか「リーダー失格」といった、明らかに政権を挑発する目的の書き込みも次々に湧き出したのである。

これを放置していれば、いずれブレーキが効かなくなると懸念したのだろう。中国外交部の華春瑩(ファチュンイン)外交部次官補が会見し、「中国人民の愛国は理性的だと信じている」と呼びかけた。象徴的な動きといえるだろう。

毛色の違うところでは、「アメリカという雑種犬には理屈は通じない。何度同じことを言っても無駄だ」と、米政権の言行不一致を詰るような書き込みもあった。

いずれも激しい内容であったが、予想された範囲の反応でもあった。また反発がネット空間にとどまったのは、おそらくコロナ禍だったことを差し引いても予想外におとなしく――こうしたケースでは街に繰り出して暴徒化することが考えられた――それが習政権のその後の選択にも影響を与えていったのである。具体的に見ていこう。

内実が如実に異なる台湾への軍事・経済制裁の実態

解放軍は、ペロシが次の訪問地である韓国に向かうのと同時に、素早く台湾を取り囲むように大規模な軍事演習を行った。6方面から台湾を包囲した軍事演習は、いざとなったら台湾を封鎖できる能力を世界に見せつけた。

中国空軍は、演習のなかで撮影された写真を公開した。そのなかに戦闘機のパイロットがコックピットから撮った写真があり、パイロットが台湾の海岸線を目視している1枚が大きな話題を呼んだ。これを取り上げたテレビ番組の専門家は、「おそらく台湾の海岸から20㎞も離れていない」と解説していた。

また、海軍も同じように艦艇上から撮った写真を公開し、そのなかで台湾東海岸の花蓮（かれん）にある和平火力発電所がくっきり映っている1枚を公開し、解放軍の軍艦が台湾の海岸に接近したことを見せつけた。

実際、台湾側のメディアでは、中国海軍が海上で行った演習の轟音が、台湾の観光地にまで鳴り響いていたと報じたところもあった。そんな近い距離にまで大陸の軍艦が現れたことはないと、人々が驚いている様子も伝えられたのである。

さらに経済制裁として、ホタテや柑橘類など台湾企業100社余り（2066品目）の食品の輸入停止と、天然の砂の台湾向け輸出のストップも相次いで公表された。

続く8月中旬には、「頑固な独立分子」7人を公表し個人制裁も課した。制裁対象者は、親族を含め対中投資など大陸とのビジネスへの関与が禁じられるという内容だった。

ここで認定された「頑固な独立分子」は、2020年11月に第1弾（蔡英文、蘇貞昌（そていしょう）、游錫堃（ゆうしゃくこん））が発表されて以来の第2弾であることはすでに書いた。

無論、時期の点から見てもペロシ訪台は最悪だった。

習指導部は5年に一度の共産党大会開催を控えていて、建軍記念日（95周年）を祝ったばかりのタイミングだったのだ。それに加えて、米中による5回目の首脳会談が終わった直後とあって、笑顔で会談に応じた主席の「面子」を正面から潰されたように国民の目には映った。面子を重んじる国、中国のトップにとって二重三重の屈辱となったのだ。

一方、先進7カ国（G7）は軍事演習を非難する共同声明を素早く発し、中国をけん制した。中国が発射したミサイルが日本の排他的経済水域にも着弾したため、岸田文雄政権も中国非難のG7声明に名を連ねた。日本国内では防衛力強化を求める声も高まった。

事前に「火遊びをすれば火傷する」（習近平）と散々警告したにもかかわらず、訪問を強行されたうえに非難までされたのだから、中国にとってはまさに踏んだり蹴ったりだ。

だが、先述したように中国のリアクションは、見た目の派手な軍事演習や経済制裁とは裏腹に、あくまで抑制されたものであった。

たとえば、経済制裁にしても100社、2066品目という数字からイメージされる規模とはうらはらに、金額ベースではさほど大きな制裁とは言えなかった。というのも「昨年の台湾の対中輸出のなかの農産品は金額ベースで0・6％にすぎない」（シンガポール政府系の英語ニュースチャンネル「CNA」報道）程度と考えられたからだ。

台湾への制裁は、個人制裁に代表されるようにあくまでピンポイントなものであったことがわかる。制裁を発表した国務院台湾事務弁公室の朱鳳蓮（ジュファンリエン）スポークスマンも「台湾の人々との協力と交流の扉は開かれている」と強調することを忘れなかった。

G7の一員として中国の軍事演習を批判した日本に対しても、「戦狼外交」と呼ばれるような強硬な姿勢は封印したように見受けられた。

中国は当初、ペロシ訪台の直後、カンボジアで開催されていたASEAN外相会議で予定されていた林芳正外務大臣との会談を急遽キャンセルするなど、激しい反発を見せた。また続く会議では、林外相がスピーチを始めたとたん王毅外相が立ち上がり、外交団がそろって退席するなど、あからさまに不快感を示した。

これで日中関係は、当面「冬の時代」に入るのではないかとの観測が広がるなか、両国が接触するというニュースが流れた。8月17日には、訪中した秋葉剛男国家安全保障局長が中国の外交担当トップ、楊潔篪（政委）と天津で7時間にわたる会談を行ったのだ。また続く22日には、新型コロナウイルスに感染した岸田首相に、習近平国家主席がお見舞いの電報を送り話題となった。

ペロシ訪台の「収支」をめぐる蔡英文の誤算

一連の流れを見る限り中国側が歩み寄り、壊れかけた日中関係を素早く軌道修正したようにも感じられた。この裏側で作用したのは、ペロシ訪台の「収支」が思ったほど中国に悪く働かなかったことだ。

まずは先に述べたように、国内で起きた激しい政権批判がSNS外まで広がらなかったため、党中央に妥協的選択の余地が生まれたことが挙げられる。加えて、国際社会が中国の立場を弱らせるような動きに出なかったことだ。さらに、台湾内部の世論の変化に、中国を安堵させる要素が含まれていた。この3つのプラスがあったのである。

国内の反応についてはすでに触れたので、以下、国際社会の反応と台湾世論の変化について順に見ていこう。

まずは、ペロシ訪台によって国際社会がどう動いたか、である。

西側先進国が中国の行動を批判するのは、ある意味で織り込み済みであった。中国が気にするのは、むしろそれ以外の国の反応だ。中国は、新興国、発展途上国が自国のことをどう受け止めたかに神経を尖らせていたが、ペロシ訪台が注目を浴びてからのわずか2日間で、170カ国以上が何らかの形で中国の「ひとつの中国」への支持を再表明したことで、中国を安堵させたのである。

つまりはペロシ訪台は、中国の主張する「ひとつの中国」への支持を、あらためて確認する機会となったのだ。

他方、蔡英文にしてみれば、かえって世界に「ひとつの中国」を再確認させるチャンスを与えてしまったことになる。

結局、中国の脅威を強調することで政権浮揚に結びつけようとしてきた蔡英文や民主進歩党（民進党）にとって、このペロシ訪台は追い風にはならなかった。ペロシが去った後、台湾の人々を対象に行われた各種の世論調査（民進党系と国民党系）によると、そのほとんどの調査で与党に対する支持が下落する結果となってしまったのだ。

英紙『ガーディアン』（電子版、2022年8月2日）は台湾紙の調査を引用して、「約3分の2の台湾人が、ペロシ議長の訪問は状況を不安定化させる」と考えていると報じた。

ただし、蔡英文政権の支持率下落はオウンゴールの一面もあった。民進党の桃園（とうえん）市長選候補の論文盗作スキャンダルなど、党員の不祥事が相次いで発覚していたからだ。

いずれにせよ、あれだけ世界を騒がせた訪台が、少なくとも追い風とはならなかったということは、習指導部にとって「うれしい誤算」だったはずだ。

台湾世論の民進党離れが、国民党の対中政策の支持へと直接結びつくわけではない。しかし、中国に取り込まれる恐怖を喧伝し、「民主主義VS専制主義」の二択で政局をつくる手法への懐疑や、中台対立が台湾の国際社会での地位の低下を招いている現実を、ペロシ訪台は浮き彫りにしてしまったと言えるのではないだろうか。

米政権内で噴出した激しい不協和音

そもそもペロシ訪台は、その入り口からワシントンで不協和音を奏でていた。

バイデン政権が、中国嫌いのこの女性議長を持て余していたことは、出発前（7月21日）に「訪台の是非」を記者から質問されたバイデン大統領自身が、「軍はよいとは考えていない」と答えたことからもうかがうことができる。同じようにロイド・オースティン国防長官も、「（その問題を）話し合っている」と短く答え、暗にペロシを説得していることを匂わせた。

米紙『ブルームバーグ』(8月4日)は、〈訪台計画見直さないペロシに米当局者は激怒、説得に応じずと関係者〉という記事で、バイデン政権が訪台阻止に動いたものの、それに応じないペロシに苛立っていたという舞台裏を暴露している。英誌『エコノミスト』(8月2日)も、このドタバタ劇を、〈ペロシの訪台はバイデン政権の支離滅裂な戦略の露呈〉と批判的に報じたのは象徴的だろう。

議会ではペロシの属する民主党が沈黙気味となるなか、かえってライバルの共和党がいち早く訪台を支持するというねじれ現象も起こした。「中間選挙を前に空から降ってきた『敵失』につけ込む動き」という専門家による分析も聞こえてきたほどだ。

ロイター通信は8月5日の記事〈焦点:台湾巡る緊張、中国との衝突を避けたい米海軍に課題〉で、「ペロシ氏の移動はコントロールできないが、米国の反応はコントロールできる」と語る国防当局者の発言から、政権の配慮を読み解いた。

具体的には、米軍が「南シナ海を避けた遠回りの飛行ルートを取り、米軍空母もわざわざ南シナ海を避け」中国との衝突を回避したことなどだ。事実、ペロシ機は通常4時間のフライトを約7時間かけて飛んだことなど、現場の苦慮を伝えている。

同じように『ニューズウィーク日本版』(8月23日)は記事〈口先だけのアメリカに頼れ

ない台湾の、パイロット不足の背景とは?〉のなかで、次のように報じた。
すなわち、「アメリカは口先では中国を非難したものの、演習を止めたり、妨害しなかった」とし、「原子力空母ロナルド・レーガンなど米海軍の艦船が台湾近海に派遣されたが、中国の演習が始まる前に撤収してしまった」と実態を暴露したのだ。

米軍が南シナ海で中国との正面衝突を避けたように、ホワイトハウスは、ペロシ訪台が不可避だとなった瞬間から、「議長訪台は過去にも前例がある」や、「(議長が訪台しても)米政府の『ひとつの中国』政策の変化を意味しない」と強調することで、火消しに努めたのである。

バイデン政権も望まない訪問者が、台湾では熱烈に歓迎されている映像が日本ではたくさん流れた。だが、台湾の地元紙には冷めた見方も少なくなく、その代表である『中国時報』は、中間選挙後に退任予定の82歳のペロシ氏が「個人のレガシーのために台湾を巻き込んだ」と皮肉った。

日本の報道でミサイル発射を知った悲しい人々

さらに根深い問題は、ペロシ訪台が一触即発にも見える危険な状況をあえてつくったにもかかわらず、台湾の安全保障環境を前進させる作用をもたらすことはなく、かえって後退させる結果を招いてしまったことだろう。

訪台騒動を受けて解放軍が猛然と行った大規模軍事演習によって、中国と台湾のあいだにあり緩衝材のひとつとして役割を担ってきた「中間線」――当然だが中国は認めていない――もあっさりと突破され、有名無実化してしまったのだ。台湾のネットでは、「中国軍が中間線を越えたら攻撃すると言っていなかったか？」と揶揄する言葉も書き込まれたが、台湾国防部が反応することはなく、その後も恒常的に侵入が繰り返されたことで、中間線は完全に形骸化してしまった。

実は、先に紹介した『ニューズウィーク日本版』は記事〈口先だけのアメリカに頼れない台湾の、パイロット不足の背景とは？〉で、「いつもと変わらぬ人々の表情とは裏腹に、台湾軍の関係者は深刻な危機感を抱いていた」と内情を伝えている。

〈演習の一環として中国は台湾の北、東、南の海域に弾道ミサイルを発射。東の海域に落下したその一部は台湾上空を通過したが、台湾国防部（国防省に相当）は警告を発しなかった。

うち数発が日本の排他的経済水域（ＥＥＺ）に落下したため、日本の防衛省がミサイルの軌道を発表。その時初めて台湾の人々は自分たちの頭上をミサイルが飛んだことを知ったのだった〉

演習とはいえ台湾上空をミサイルが通過したことを、日本の報道で知るというのも悲しい話ではあるが、それ以上に人々にとって問題だったのは、おそらくこの挑発によって蔡英文政権がいったい何を得ようとしていたのか、わからなかったことだ。

オーストラリアのケビン・ラッド元首相はこれを、「台湾自身の安全保障にとって何の役にも立たない訪台」だったと喝破した。

解放軍による、台湾を取り囲んだ実弾射撃を含む大規模軍事演習は、いざとなれば台湾封鎖も可能だという力を誇示する意味があった。

西側メディアによる多くの報道では、台湾の人々が普段と変わらぬ暮らしを続け、また中国の軍事演習を「恐れていない」という反応を伝えていた。たとえば、台湾の民間シンクタンク「台湾民意基金会」が公表した、台湾住民の「78・3%は『怖くない』と回答した」というアンケート結果などが典型的だ。

しかし、実態はそれほど単純ではなかった。株価情報を伝えるサイト「株探」は市況ニュース（8月2日）でペロシ訪台により「台湾株は0・8%下落して始まり、すぐに下げ幅を拡大」「台湾ドルは対ドルで0・23%安、30・6台湾ドルと、約2年ぶり安値」となり、「リスク回避姿勢が強まり、台湾金融市場から資金が流出」したと分析した。

解放軍による台湾侵攻が現実的なテーマか否か、または台湾がそれを跳ね返す力があるのかないのか、そうした視点から議論をする以前の問題として、予測された中国の反発を、あえて挑発することで引き出す必要があったのかという疑問は、多くの台湾の人々の頭に澱（おり）のように残ったのだ。

ペロシの息子とTSMCのあいだに生まれた疑念

さらには、民進党がやたらと切る「中国脅威」というカードも、台湾の利益になったのか、という視点で見れば大きな疑問符がつく。

日本のメディアでは「民主主義の優等生の台湾を守るため」だとして欧米各国の動きを説明することが多い。だが、本当に世界の国々はそんなお人好しなのだろうか。当然のこと、そうした行為にはコストが発生する。

ペロシの台湾訪問も同じである。日本ではほとんど報じられなかったが、台湾で大いに議論を呼んだのは、この〝民主主義の女性闘士〟が自分の息子を同行させたことだ。地元メディアが問題視したのは、息子を同行させた「是非」ではない。蔡英文政権がペロシにどんな〝便宜〟を図ったのか、だった。

台湾の『中時新聞網』は、ペロシが強行軍の日程のなか、世界最大の半導体受託製造企業「台湾積体電路製造」（ＴＳＭＣ）の創業者である張忠謀（ちょうちゅうぼう）（モリス・チャン）氏と会ったことに注目。国民党の立法委員（国会議員）が「経済的な便宜を図ったのか否かを明らかにすべき」と政権に詰め寄ったことを報じた。

実は、イギリスの『フィナンシャル・タイムズ』（日本版）は、記事〈台湾ＴＳＭＣ、米中テック冷戦に巻き込まれる〉で、ペロシと張の会談が不調であったことを以下のように記述している。

〈台湾の蔡英文（ツァイ・インウェン）総統が台北のネオバロック様式の宮殿で開いた昼食

会にペロシ氏を招いたとき、テーブルを囲んだ2人の男性は、その友情にきしみが生じていることを思い起こさせた。半導体受託生産の世界最大手、台湾積体電路製造（TSMC）の創業者である張忠謀（モリス・チャン）氏と劉徳音董事長だ。

TSMCが驚異的に急成長した結果、世界の半導体産業は今、台湾が支配している。張氏はペロシ氏に向かって歯に衣着せず、国内の半導体製造業を再構築しようとしている米政府の努力は失敗する運命にあると言い放った。

会話を耳にしたある関係者は「彼（張氏）の相当ぶっきらぼうな言い方に、賓客は少し驚いていた」と振り返る〉

ペロシが訪台した8月2日、TSMCの株価は急落し、1月につけた高値から25％以上も下落したというから、張が不機嫌だったのは当然かもしれない。だが、このことからも台湾が一枚岩でペロシを歓迎していたわけではないことが、よくわかる。

蔡英文の強硬外交のたびにバラまかれる「保護費」

台湾では、味方になってくれる外国の政治家などに差し出す見返り（とくに対アメリカ）

を「保護費」と呼ぶ。今回の訪台での「保護費」が、ＴＳＭＣ絡みではないかと疑う声が聞こえてきたのは、これまで積み重ねた前例があるからだ。

２０２２年だけの事例を並べてみよう。

３月、トランプ政権で国務長官を務めたマイク・ポンペオの訪台時には、台湾の公務員の退職金基金を、ポンペオ自身が関係する金融コンサルタント会社に任せないかと、蔡英文が要求された。

また4月には、超党派議員団を率いて訪台した共和党のリンゼー・グラム上院議員や民主党のロバート・メネンデス上院議員が、蔡英文との会談のなかで、ボーイング７８７の購入を公然と求めたと台湾『聯合報』が報じている。

ペロシ訪台の少し前にはマーク・エスパー元国防長官が、軍事予算を国内総生産（ＧＤＰ）比で倍増させ、兵役も「全民皆兵」に変えて対中軍事力を強化するよう要求した（共同通信客員論説委員の岡田充の記事〈台湾に「軍事予算倍増」「男女1年兵役義務化」要求した米元国防長官発言が物議。日本も他人事では…〉２０２２年7月26日）という。

ただでさえ蔡政権は、ラクトパミンという成長促進剤を使った豚肉をアメリカから輸入した問題で野党の国民党から攻撃されていた。実は成長促進剤の危険性は、蔡・民進党が野党時代に国民党を厳しく追及してきた問題のひとつだった。立場が変わり、今度は手のひらを返して輸入に道を開こうというのだから、批判されても仕方ないだろう。これも形を変えた「保護費」に違いないからだ。

苦しい事情は、アメリカ以外の国との関係でさらに際立つ。象徴的なのは、台湾との関係を唐突に深めて中国の怒りを買ったリトアニアだ。台湾の代表処（代表部）を大使館に格上げしたことへの報復として、中国はリトアニア産のビールやラム酒を締め出した。するとリトアニアは、それを台湾に買い取ってほしいと要求。台湾は応じざるを得なかったが、問題はその価格だった。一説には中国に輸出していた価格の4倍にもなったとも報じられたのだ。台湾は、さらにリトアニアからの多額の借款の申し出にも応じている。

こうして、蔡政権が外交で中国を苛立たせるたびに、一方で多額の血税が「保護費」として流れ出ているのだ。

台湾経済は、数字だけ見れば一見好調である。しかし、富の集積が一部のハイテク産業に偏り、その恩恵を広く人々が享受することはない。格差が深刻化しているなかで、「保護費」のバラマキが、はたしてどこまで理解されるのか。

そんななか台湾の行政院（内閣）は8月25日、2023年の防衛費を総額5863億台湾ドル（約2兆6500億円）に増額する予算案を閣議決定した。これは前年に比べ13・9%もの増加で過去最高額だ。

疑問視されているのは、こうした防衛費の負担とアメリカからの兵器の購入が、本当に台湾防衛に資するものなのか、ということだ。

先に紹介した『ニューズウィーク日本版』の記事〈口先だけのアメリカに頼れない台湾の、パイロット不足の背景とは?〉は、そこにも切り込んでいる。興味深い内容なので、少し長いが以下に引用したい。

〈台湾空軍は戦闘機パイロットの不足に頭を抱えている。トランプ政権下でアメリカから最新鋭の戦闘機F16Vを66機購入する契約がまとまったが、その操縦要員を育てるには今のペースでは50年もかかる。

2011〜19年の間に新たに育成された戦闘機パイロットはわずか21人。新人が補充されないため現役のパイロットに過大な負担がかかり、それが近年相次ぐ空軍機の墜落事故の一因になっているといわれている。

20年以降、空軍機の事故は10回に上り、今年だけでもF16など少なくとも4機が墜落した。中国軍機がより近い空域に、より頻繁に飛来するようになり、台湾空軍機の緊急発進

〈スクランブル〉回数が増え、機体とパイロット双方に負担がかかっている。

パイロット不足も軍事訓練期間の延長がままならないことも元をたどれば同じ問題に行き着く。それは台湾の人々の軍に対する根強い不信感だ。その背景には長く続いた戒厳令時代の軍の恐怖支配がある〉

F16戦闘機が4機墜落となれば、少なく見積もってもざっと650億円が消えた計算になる。

2019年、アメリカ政府はF16戦闘機66機の売却を決め、話題となったが、それが台湾に配備されるのは2026年になるという。これを「遅い」と批判する声がある一方で、台湾側の受け入れ態勢は、それにも増してお粗末というのが実態なのだ。

「九合一」の結果から透けて見える若者の政権離れ

日本から台湾を見ようとすれば、たいていは対大陸の視点から「台湾の人々が中国の圧力に屈せず頑張っている」という見方になる。だが、そのように単純化してしまうと、現実との認識ギャップは避けられない。

それが具現化されたのが、2022年11月26日の「九合一選挙」（統一地方選挙、9つの選挙を同時に行うことからこう呼ばれる）である。

蔡英文総統が頭を下げる映像と一緒に「与党・民進党大敗」とテロップが流れたテレビのニュースを見た日本人の多くは、「えっ、なんで？」「中国と戦っている蔡英文は、台湾の人たちから支持されているんじゃないの？」と意外に思ったに違いない。

もちろん「九合一」は地方選挙である。また、先に触れたように民進党候補者のスキャンダルというオウンゴールも重なったため、選挙結果に台湾の人々の対中感情がストレートに反映されていると理解することはできない。

ただ、選挙終盤に劣勢を意識した民進党は、「抗中保台」（中国に屈せず、台湾を守る）というスローガンを強調することで挽回を図り、応援に入った蔡英文総統も「民主主義を実践する最も重要なとき。自分の1票で台湾の未来を決めて」と繰り返した。ゆえに、「地方選挙だから対中問題は争点ではなかった」という理屈もまた通らないだろう。

今回の選挙で、民進党が敗北した理由のひとつとされたのは、若者の投票率が振るわなかったことだ。「九合一」と同時に投票権付与の年齢を20歳から18歳に引き下げる憲法改正の是非を問う国民投票も行われたが、こちらも過半数には届かなかった。若者が投票所に足を向けていれば結果は違っていたとも指摘されている。

このことから推測されるのは、これまで蔡英文・民進党を支えていた大きな力であった若者の与党離れである。その元凶は、兵役延長問題だとされている。2023年が明けて間もなく蔡政権は、2018年に1年から4カ月に短縮した兵役を、再び1年に戻すことを決めたのだが、その議論は「九合一」の選挙戦時にすでに争点となっていたのだ。

兵役に対するアレルギー反応に加え、中国との緊張を高めて支持率を獲得しようとするやり方が賞味期限を迎え始めたのかもしれない。

習近平指導部にとって、これは少なからず安心材料になったはずだ。

台湾の政治は、地方議員の厚みという点では国民党に分がある。そこに20大以降も台湾に向けた「軟化」のメッセージを積み重ねれば、少なくとも独立の気運が急速に高まるような事態は避けられるかもしれないからだ。

中国の台湾統一の意図に関しては2021年3月、米インド太平洋軍のフィリップ・デービッドソン前司令官が「6年以内に中国が台湾を侵攻する可能性がある」と発言して以来、「侵攻ありき」の報道がかまびすしい。

また党大会の最中の10月17日には、アントニー・ブリンケン米国務長官が「中国は現状をもはや受け入れることができず、かなり早い時期の統一を追求するという根本的な決断をした」との見解を示し、「Xデーは近い」という印象を世界に広めた。

だが、これまで見てきたように、習指導部が台湾に対して発してきたメッセージは、むしろ逆に「軟化」の傾向が顕著だ。

もちろん、中国の台湾侵攻の可能性はゼロではない。しかし、それは何度も言うように「最後の最後の手段」である。この指摘がすんなり理解されないのは、なぜだろうか。おそらく習近平政権になってから対台湾政策が「強硬になった」という、根本的な誤解が日本人の頭にこびりついているからなのだろう。先入観を解いていこう。

史上最も台湾と交流し続けた共産党総書記とは？

まず、多くの日本人が知らないのは、習近平が大の台湾通であるという事実だ。

習近平は、1985年の厦門（アモイ）副市長を皮切りに2002年に浙江省副書記兼省長代理となって転出するまでの17年半、海を挟んで台湾の隣に位置する福建省で執務してきた。当然その間、台湾と深いかかわりを持った。この期間を振り返って習は、次のように述べている。

「福建で長年仕事をしてきた。当時を思い返せば、ほとんど毎日台湾とかかわっていた。頻繁に台湾同胞と会い、友情を育んだ」

福建省で最も台湾に近い平潭島には、20回以上も訪れたという。

17年間ずっと台湾と交流したトップの誕生は、空前絶後かもしれない。

事実、この効果は習近平が総書記になってすぐに現れた。2015年11月7日、シンガポールのシャングリラホテルで中台トップ会談が実現したのだ。習近平国家主席と馬英九台湾総統は握手を交わした。

実は、ここに至る道のりで習が、台湾に向けて何度も秋波を送り続けていたことは、あまり知られていない。

たとえば、浙江省にある瑪瑙寺の連横記念館の整備である。

瑪瑙寺は、『台湾通史』の著者で台湾出身の愛国者・連横夫妻が、かつて居住していた場所だ。

1936年、日本との戦争が避けられないと考えた連横は、その年に誕生した孫（長男・震東の子）に、日本と戦う未来を想定し「連戦」と名づけた。覚えている人もいるだろうが、連戦は後に台湾で国民党の主席（李登輝（りとうき）時代の副総統、後継者として総統選にも出馬）となった中台関係のキーパーソンだ。

２００６年4月21日、国民党名誉主席に退いていた連戦夫妻が、北京で胡錦濤国家主席を訪ねた後に、なぜか浙江省に立ち寄り、習近平を訪ねている。習が浙江省書記時代に、すでに中央の対台湾政策で一定の役割を果たしていたことを示すエピソードだ。

浙江省杭州（こうしゅう）市に滞在した連は、ある記者から、祖父・連横が１９２６年から住んでいた瑪瑙寺が近くにあることを知らされる。連が予定を変更して瑪瑙寺を訪れたところ、そこで祖父母の住居跡がきれいに管理され続けてきたことを知り、大いに感激したという。

習との会談で連は、住居跡を「台湾を紹介する博物館にしたい」と提案。習近平もそれに応え２００８年に実現させた。台湾からは５００点を超える品々が持ち込まれた。

長年反目してきた共産党と国民党は、形的にはまだ内戦状態を脱していない。そんな両党が、互いを思いやりながら距離を詰めようとしていたことは注目に値する。しかも、その現場が、まだ地方の「第一把手（ディイーバーショウ）」（＝トップ）でしかなかった習近平の演出である点も興味深い。

習が福建と浙江で築いた台湾との絆は、２０１２年、習指導部の発足と同時に大きく動き出すことになる。2013年10月、習は訪中した国民党副主席の蕭万長（しょうばんちょう）と北京で会談するなかで、初めて「責任者が会い、意見交換できる」とトップ会談に言及したのだ。

そこから、習指導部が台湾との新たな関係に道を開こうとする動きは急加速していく。2014年2月11日には、南京紫金山荘（なんきんしきんさんそう）（パープルパレス・ナンジン）の会議センターで、中国の台湾事務弁公室の張志軍（ジャンジージュン）主任と、台湾の行政院大陸委員会の王郁琦（おういくき）主委との会談が行われた。

そして、「92コンセンサス＝九二共識」を基礎として、恒常的な連絡機関を立ち上げることで合意。習近平国家主席と台湾の馬英九総統との歴史的な会談に向けて、交渉を加速させていった。

しかし、このような蜜月の兆しが見え始めたとはいえ、敵対する二党には越えなければならない高い壁が、まだ無数に存在していた。たとえば、習と馬が互いをどう呼び合うかである。当然のこと、共産党の立場では「台湾総統」などという肩書は認められない。逆もまたしかりだ。では、どうするのか。

2015年11月7日、シンガポールのシャングリラホテルで対面したふたりは、互いを「先生（シエンション）」（さん）づけで呼び合ったのだ。双方の立場に配慮したものであろうが、当時の中国の雰囲気を考えれば、明らかに習近平のほうがリスクを背負っており、大きな妥協をしなければならなかったのだ。

このエピソードひとつをとっても、習近平が台湾との関係改善に強い意欲を持っていたことがわかるはずだ。

この時期の安定した習・馬関係は、海峡を挟んだ中台間の多くの問題を解決した。統計によれば、２００８年から２０１５年までのあいだに両岸（大陸の海峡両岸関係協会と台湾の海峡交流基金会）は、23の協議文書に署名し、経済・民生問題を大きく前進させている。

中台関係を悪化させた決定的な転機

このように、２０１５年までの習近平の台湾に対する態度を振り返れば、現在の日本人が単純に抱く「高圧的」、かつ「強引」といったイメージとは一致しないことがわかるだろう。ましてや「自らの野心のために力で台湾を取りにいく」といった日本にあふれる俗説など、イメージ先行の決めつけでしかないのだ。

それにしても馬政権時といまでは、どうしてこれほどまでに習近平の評価が変わってしまったのか。

その答えは簡単である。

台湾自身が変わったのだ。

台湾は大別して、最も人口の多い戦前から台湾に住んでいた本省人、蒋介石とともに大陸に逃げてきた外省人、そして少数民族によって構成されている。戦後、蒋介石・蒋経国父子、そして李登輝が初の民選総統となるまで、台湾を支配してきたのは外省人を中心とした国民党であった。

だが、人口にして10％前後にすぎない外省人が政治を独占することへの不満は、次第に島内で高まっていった。そうしたなか、80年代以降の民主化の流れのなかで生まれた民進党は、大陸の歴史や言語ではなく、台湾の歴史と言語（閩南語）を重視する政策を掲げ、次第に存在感を高めていった。

習近平が馬英九と会談した裏側では、実は台湾島内のパワーシフトが起きていて、対立の軸は台湾海峡を挟んだ「国共」の二項より、島内での対立のほうが激しく、より深刻になっていくのだ。

対大陸政策は主に国民党と民進党の争点となり、国民党は、かつて銃口を向け合った仇敵(てき)、共産党との安定した関係構築を模索する、ねじれに陥っていった。

ゆえに、ここ数年の中台関係の悪化は、蔡英文の民進党政権誕生からのことなのだ。

民進党は――現在は現実路線をとり封印しているが――台湾独立を掲げてきた政党である。そのため、共産党と国民党の交流の基礎となってきた「九二共識」を認めることをしない――蔡政権は態度を曖昧にしているが中国はそう受け止めている――のだ。

中国による「まずは九二共識に戻れ」という圧力が常態化するのは、ここからだ。

九二共識とは1992年、共産党と国民党が「ひとつの中国」で認識を共有させた作業を指す。習近平・馬英九会談をはじめ、両岸交流が促進されたすべての基礎に九二共識があることはすでに触れたとおりだが、それ以上に大切なことは、中台の対立において九二共識が、緊張をエスカレートさせないための〝緩衝材〟として機能してきたことだ。

共産党が武力を含めた台湾統一のアクセルを緩め、現状維持を「黙認」するような姿勢に転じたことのベースにも、このコンセンサスがある。

ゆえに、もし台湾側が九二共識を否定すれば、共産党は台湾政策を根本から見直さざるを得なくなる。領土割譲を絶対に許容できない共産党にとって、台湾のそうした動きのエスカレーションは、武力を使ってでも阻止しなければ人民に顔向けできない非常事態と映るからだ。

２０１６年に誕生した蔡政権は、その危険性を知りながら九二共識を否定し続けているのだ。その動機の多くは、国民党に選挙で負けたくないからである。

ここ数年、西側メディアは台湾海峡の緊張の高まりを、中国による「現状変更」だと説明してきた。だが、既述したように九二認識を否定し、現状を変更したのは中国ではなく民進党のほうである。この事実を無視して公平な批判など成立しない。

たとえ国民党の時代にできたコンセンサスだとしても、民進党が中華民国の政党である限り、反故（ほご）にしていいはずはない。もしその理屈を認めてしまったら、同じような理由で韓国が反故にした２０１５年の慰安婦問題に関する日韓合意の正当性について、日本は当時の文在寅（ムンジェイン）政権を責める根拠を失うだろう。

台湾は日本と同じ民主主義の政体で、対日感情もいい。また大国・中国の圧力下にあるため、判官贔屓（ほうがんびいき）の感情が動くのはわかる。だが、あえて頭を冷やして考えなければならないのは、それはあくまで現時点における蔡政権への加担であって、台湾全体への加担ではないということだ。

さらに日本は本来、この問題にコミットする潜在的リスクを歴史的な視点から問い直さなければならない立場にあることも、忘れてはならないだろう。

そのことを整理するために、もう少し中国側から見た台湾海峡の風景に触れていこう。

鄧小平が舵を切った「平和統一」への道筋

繰り返しになるが、大陸と台湾の対立の根は「内戦＝国共内戦」である。戦いが膠着したことで分断されてしまった祖国統一の達成は、中国にしてみれば神聖な願望だ。

西側は「台湾海峡の平和と安定を求める」と中国をけん制する。だが「平和統一」はアメリカや国際社会、ましてや台湾が勝ち取った約束ではない。中国が自ら宣言したものだ。毛沢東とともに国共内戦を戦った彭徳懐（1898〜1974）や葉剣英（1897〜1986）らが手掛けた「台湾同胞に告げる書」（1979年1月1日発表）を、鄧小平が発展、完成させたものだ。

国共内戦をひも解けば、当初は近代兵器をそろえた国民党が圧倒的に優勢だった。だが、最終的に共産党に敗れた蔣介石は台湾に逃れた。それでもアメリカの支援を受けた台湾は、まだ制空権を持てなかった――まともなレーダーも持てなかった――大陸を、無差別に空爆する力を持ち、実行もしたため、大陸側はその甚大な被害に耐えるしかなかった。

その後も経済発展を続けた台湾は兵器の近代化を進め、やっと両岸の力の差が埋まり逆転し始めた——核兵器を除く——のは、80年代の終わりから90年代にかけてのことだ。

鄧小平が「平和統一」を打ち出すのは、共産党が力で台湾を統一できるようになったタイミングであった。もちろん、「平和統一」をうたっても、その例外として「武力の放棄はしない」とクギを刺すことは忘れなかったのだが。

中国が平和統一に舵を切った理由は、さまざまである。

米軍に対する人民解放軍の抑止力がある程度機能しだしたことや、アメリカ政府が台湾に売却する兵器の性能に制限を加え、両岸のバランスに貢献したことなども指摘できる。だが、そうしたなかでもやはり重要だったのは、中国自身が戦争よりも経済発展を選んだことだろう。

言い換えれば、共産党は祖国統一より足元の安定と経済発展を優先したことになる。そして、この選択は国民にもおおむね理解され、現在に至っているのだ。

そんな中国に対し、「九二共識」の破棄を突きつけて、わざわざ「平和統一」の看板を下ろさせるような姿勢をとった蔡政権に、はたして習近平は穏やかでいられるだろうか。

さらに西側は、その蔡政権のつくりだした「摩擦」を、いつの間にか「民主主義を守る戦い」と塗り替えたのだ。

日本の報道においては、民進党が九二共識を破棄したことはすっかり棚上げされ、もっぱら中国が一方的に台湾から民主主義を奪おうとしていると強調されている。

その結果として、いま多くの日本人は大陸の台湾統一を「道理に合わないことを力で実現しようとしている」と考え、台湾問題に口を出すことを〝正義〟と位置づけようと試みている。

この現象に警鐘を鳴らす専門家、メディアが、ほとんどないのはどうしたことだろう。

日本ができることと、考えるべきこと

ポツダム宣言を受諾したはずの日本が、「専制主義との戦い」を口実に再び台湾への野心を正当化しようとしている――。

これは、最近よく中国メディアが繰り返す批判だ。

被侵略国としての歴史を背負う中国人は、その恥辱にまみれた近現代史の1ページに日

本の台湾侵略があることを忘れてはいない。大陸の14億人が、昨今の日本の言動をどう受け止めているのか。これを正しくとらえることも、重要なのではないだろうか。

台湾有事を「日本の有事」にするか否かは、日本が敵基地攻撃能力を持つか否かではなく、戦争の尖兵として利用される国になるか否かの見極めにかかっている。ウクライナの状況を見れば明らかなように、台湾海峡が火を噴けば、その瞬間に東アジア全体が〝敗者〟となる。

そうした未来については、ロシア・ウクライナ戦争がヒントをくれる。今後、ロシアが勝利してもウクライナが勝利しても、ヨーロッパ全体が敗北することは避けられないという〝反面教師〟だ。もし戦争に勝つことができる国があるとすれば、それは戦争域外の国だけなのだ。

同じアジアに暮らす国としてできることは、アジアが抱える休火山の活動を活発にさせないことである。つまりは、台湾海峡と朝鮮半島にくすぶるマグマだ。

そのために日本がすべきことは簡単である。まず台湾海峡では、蔡政権にすぐにも「九二共識」に戻ることを勧めることだ。これだけで緊張のボルテージは一気に下がることは間違いない。そのうえで台湾が国際社会でさまざまな活動ができるように中国に働きかけ、民進党政権の顔を立てることだ。

思い出すのはコロナ禍が世界に広がった初期、台湾の世界保健機関（ＷＨＯ）からの排除が話題となった。日本のメディアはそろって「中国の意地悪」だと解説したが、正確には蔡政権の「九二共識」否定を受け、中国が従来は認めていた台湾の参加を認めなくなった結果だった。

事実、台湾は２０１７年までの８年間、ＷＨＯにオブザーバー参加していた。つまり、もし「九二共識」を認めれば、習近平は逆に台湾のＷＨＯの復帰を後押しせざるを得なくなるのだ。

こうして平和に貢献する日本の外交は、おそらく東南アジアの国々から広く支持されるはずだ。そのことがわかるのが、ペロシ訪台への東南アジアの国々の反応である。

８月４日付で時事通信社が配信した記事〈ＡＳＥＡＮ（東南アジア諸国連合）、米議長訪台に衝撃　外相会議で急きょ協議〉は、ＡＳＥＡＮ外交筋の話として「ＡＳＥＡＮは議長の訪台に驚いている。加盟国は地域の緊張を高める訪台は控えるべきだったと考えている」という現地の受け止め方を伝えている。

ペロシを迎えたシンガポールのビビアン・バラクリシュナン外相も、アメリカがもし本当に台湾を支援したいのなら、ペロシ訪台よりもっと「賢明な（台湾支援の）方法がある」と苦言を呈したとされる。

つまり危険な賭けに出る蔡英文政権に利用価値を見出すのはアメリカだけで、アジアは概して「対立を持ち込まれること」を強く警戒しているということだ。

したたかに「巻き込まれ」を避けるＡＳＥＡＮ諸国

こうしたＡＳＥＡＮの反応は一貫している。

それが顕著に表れたのはバイデン大統領肝いりの経済連携構想「インド太平洋経済枠組み」（ＩＰＥＦ（アイペフ））が始動した２０２２年5月23日のことだ。ＩＰＥＦはＴＰＰ（環太平洋経済連携協定）に代わる経済での対中包囲網と位置づけられ、日本の役割は、「ＡＳＥＡＮをアメリカ側に引き込むこと」だとされた。そのためメディアには、「日本が橋渡し役」という表現が飛び交った。

だが、日本で行われた立ち上げ宣言に参加したのはＡＳＥＡＮ加盟10カ国のうち、７カ国だけ。さらに来日した各国の首脳らの態度は、驚くほど煮え切らなかった。

シンガポールのリー首相は、東京で開かれた第27回国際交流会議「アジアの未来」に出席し、インタビューにも応じている。その際、中国をどうとらえるかと訊かれたリー首相は、次のように答えた。

「いまやアジアの多くの国にとって中国は最大の貿易相手だ。アジアの国々は中国の経済成長の恩恵にあずかろうとしており、貿易や経済協力の機会の拡大をおおむね歓迎している。中国も広域経済圏構想『一帯一路』のような枠組みをつくり、地域に組織的に関与している。われわれはこうした枠組みを支持している」

さらに、中国のＴＰＰ加盟も「歓迎する」と明言したのだ。

また、マレーシアのマハティール元首相はＮＨＫのインタビューに対し、ＩＰＥＦについて「中国を排除し、対抗しようとするものだ」と否定的に評したうえで、ＡＳＥＡＮとのスタンスの違いを以下のように語っている。

「経済発展には安定が必要で対立は必要ない。アメリカは中国を締め出すことに熱心なようで、南シナ海に艦艇を送り込んでいる。いつか偶発的な事故が起きて、暴力行為や戦争になるかもしれない。これはＡＳＥＡＮ諸国の経済発展にとって、よいことではない」

米中対立にＡＳＥＡＮを巻き込もうとする日本への警戒をにじませた反応だが、リー首相はさらに厳しい。先述のシンポジウム「アジアの未来」に登壇したときのスピーチで、次のような戒めともとれる発言をしたという（シンガポール『聯合早報』）。

「日本は自らの歴史をどのように処理するかを考えたうえで、長期的に未解決となっている歴史問題を解決するべきだ。そうすることで初めて、日本は地域の平和に対してより大きな貢献ができ、オープンで包容性のある地域の枠組みの構築、維持に参加することができる」

ここで歴史問題を引っ張り出したのは、日本が「台湾有事は日本の有事」と前のめりになって、過去の歴史を忘れていることをけん制する意味があったのだろう。

実際、無条件降伏をして反省したはずの日本が、またもや次の大きな戦争の原因に絡めば、戦後、どんな厳しい非難にさらされるだろうか。それこそ、日本という国家の存亡にかかわるのではないだろうか。

さらに別の角度から見たとき、日本の「台湾有事」の視点には大きな落とし穴があることがわかる。それは台湾が中国と結びつく未来だ。

本章の冒頭、どんな場合にも「最悪」を想定して備えるのが安全保障と書いた。しかし、日本で聞かれるのは、そうした多様な可能性への対処ではなく、ひたすらひとつの敵を想定して戦術を立案することに終始する議論ばかりなのだ。

現状、日本にとって中国の台湾統一は、頭の体操ではなく当然備えておかなければならない未来であるはずだ。また同時に、朝鮮半島も統一されたらどうなるだろうか、ということも当然考えておかなければならない。

強化された中国と統一された朝鮮半島、そしてロシアに囲まれた日本は、敵基地攻撃に道を開くという単純な発想だけで、本当に自国を守れるのだろうか。ますます複雑化し、厳しさを増す一方の国際環境のなかで、生き残ることができるのだろうか。

第3章

習近平の権力と中国共産党の抜き差しならぬ関係

理由
❸

〜党・軍・大衆の「呉越同舟」〜

なぜ、崩壊すると言われ続けた習近平政権は10年間を乗り切り、さらに3期目へと漕ぎ出すことができたのか。党も軍も国民が習近平を支持した真の理由が、政権の代名詞「反腐敗キャンペーン」に隠されていた——

温家宝が説いた「政治体制改革」の真意

習近平といえば「反腐敗キャンペーン」――。

第1章で見てきたように、およそ習時代の中国を一言で振り返ろうとすれば、この言葉に落ち着く。だが、聖域なき「反腐敗キャンペーン」のすべてを、習近平の個性や手腕だけで説明しようとするには限界がある。孤軍奮闘でやり遂げられるほど、敵は小さくなかったからだ。

そこでこの章では、習近平の〝権力〟がどのように確立され、いまに至っているのか。また、習と党の関係はどのようなものであるのか。3期目の習近平体制の基盤を見ていくことにしよう。

第1章では元常委という大物の周永康が、贈収賄事件に絡んで〝落馬〟していったことについて触れた。そんなレベルの大幹部が汚職に手を染めていたのであれば、この事件は氷山の一角にすぎないと考えるのが妥当だ。もし共産党内部で、それほどの高位の党幹部がそろってすねに疵(きず)を持っていたとしたら、習近平と、反腐敗キャンペーンを実践した王岐山が逆に党内で孤立し、排除される危険性さえあったはずだ。

また、反腐敗キャンペーンは、それを進めるうえでの実務上の問題も抱えていた。ワイロをもらうことを「当たり前」だと考えてきた多くの党の幹部たちを敵に回し、しかも彼らの利益に手を入れようというのだ。党幹部が抵抗する、あるいは抵抗勢力とはならないまでも、陰に陽に習近平と王岐山の足を引っ張るような動きをすれば、中途半端なトカゲのしっぽ切りだけで終わり、盛大に始まった反腐敗キャンペーンの幕も、瞬く間に降ろされる可能性もあった。

ただでさえ中国には、地方が中央の指示を面従腹背（めんじゅうふくはい）でのらりくらりと逃れ、「上に政策あれば、下に対策あり」と当初の意図とは似て非なるものへと変えてしまうという、伝統的な問題が横たわってきた。党中央が政策の意図を正しく伝達しようとしても容易ではない。その象徴が、胡錦濤元総書記が発した「政策は中南海を出ない」という嘆きの言葉だ。中国政治が抱える〝宿痾（しゅくあ）〟と言えよう。

日本人の多くは、共産党といえば恐怖支配で「号令一下」「上意下達」が徹底された組織だと思い込んでいるだろう。だが、実態はそれとはかけ離れているのだ。

では、なぜ習近平はそんな障害を乗り越えて、敢然と反腐敗をやり遂げることができたのだろうか。

考えられる答えは、ひとつではない。

まず、習近平には共産党という組織や党員の思考を熟知し利用する能力が備わっていたのではないか、ということだ。彼はそれを利用し、腐敗した者同士が団結しないよう、実に巧妙に党内に亀裂を入れることができたのだ。

だが、そうした習の個の能力に触れる前に、さらに大切な視点がある。

実は、筆者は党の中核を成していた勢力も、一致して習近平をバックアップしていたのではないか、と考えている。その理由は、反腐敗キャンペーンを習が進めることの蓋然性を認めざるを得ない時代背景が、そこにあったからだ。事実、胡錦濤時代の指導者層は、腐敗が中国社会を蝕み、党への信頼を揺らがせていることを懸念し、それを公の場で激しい言葉で警告するシーンも間々見られたのだ。

代表的なものは第1章でも引用した、温家宝元総理の「このままでは文化大革命が再び起きる」という警告だ。また、温発言の約8カ月後には、党大会で胡錦濤総書記が「亡党亡国になる」と警告する場面もあったことも既述のとおりだ。

もっとも前者に関して、西側メディアの一部では「民主化が進まなかったことへの不満の表明だった」と解釈されることも多い。「文化大革命」に言及する前に「もし政治体制改革がなければ」という一文がついているからだ。かつて温元総理は、「メディアが政府の監視役となるべき」と発言するなど、中国の民主化に理解のあるリーダーというイメージが、西側メディアのなかにあった。

だが、これを「民主化が遅れている危機感」と解釈していいのだろうか。第1章でも述べたように、温元総理は歴とした中国共産党の指導層の主要メンバーだ。そうであれば「政治体制改革」が、そのまま西側のイメージする「民主化」と理解するのも早計だ。

とりあえず、前後の文章を含めた温元総理の発言を見てみよう。

「現在、『改革』は戦いを左右する重要な局面を迎えている。政治体制改革の成功がなければ、経済体制改革も徹底できず、その成果も期待できない。そうなれば、新たに社会が抱える問題が根本から解決されることもない。『文化大革命』、この歴史の悲劇もまた再び繰り返されないとは限らない。すべての責任ある党員とリーダーは、緊張感をもって臨まなければならない」

あらためて読んでみて、わかることがある。温総理はたしかに政治体制改革の必要性を強調しているが、なぜ必要なのかという点では、さらに明確に言及している。すなわち、「文化大革命＝文革」が起きるのは、新たな社会の問題を党が解決できなかったときだと断じているのだ。

「時計アニキ」「人肉検索」「請遊泳！」「爆破予告」

では、中国社会に新たに持ち上がった問題とは何だろうか。

当時の世相を少し振り返ってみよう。思い出されるキーワードは「時計アニキ」「人肉検索」、そして「請遊泳！」（请游泳（チンヨウヨン）＝泳いでください）と「爆破予告」だ。

「時計アニキ」とは、陝西省安全生産監督管理局長の楊達才（ヤンダツァイ）につけられたあだ名だ。きっかけは『南方日報』に掲載された、２０１２年８月に延安市で起きたバス事故の現場を視察した楊の写真である。その楊の腕にあった高級時計に、ネット市民が反応したのだ。

個人のプライバシーを寄ってたかって暴くという「人肉検索」のターゲットになると、あっという間に時計のブランドが特定されたうえ、その値段が５００万円だったと暴かれ、大騒ぎとなったのである。

習近平指導部がスタートするタイミングでの事件だ。習政権がこれを見逃すはずもなく、楊は間もなく失脚したのである。

同じように四川省雅安市蘆山県の党委員会書記の範継躍も、時計の日焼け跡で大きく躓いた。範が注目されたのは、四川を襲った地震（2013年4月）の被災地を視察した李克強総理に同行したためである。

当時、人肉検索を恐れ、腕時計を外す官僚が増えていた。範もそうしていたのだが、腕にはくっきり時計の日焼け跡が残っていたのだ。

これに反応したネット市民が時計をつけている範の写真を見つけ、スイスの高級時計「ヴァシュロン・コンスタンタン」だと特定した。値段はおよそ21万2500元、日本円で約340万円という高級品だった。

こうして楊と範は、「時計アニキ」（手表哥）と「無時計アニキ」（无表哥）と呼ばれ、汚職官僚を象徴する存在となったのである。

一方「請遊泳！」は、環境汚染に対する市民の怒りを象徴するキーワードだ。

浙江省温州市で2013年5月、14歳の少女が入水自殺を図った。それを助けた警官、張光聡（51歳）が汚染された河川の水を飲んで重篤な状態に陥った問題をきっかけに、ネットで水質汚染への怒りが爆発したのである。

浙江省の『都市快報』（2013年5月22日）が、汚染された水を飲んだ警官が〈皮膚、消化器系、呼吸器系に異常〉が見つかり、〈三日三晩の点滴でやっと状態が回復した〉と報じると、ネットには「温州市の環境保護局長を同じ川に投げ込め！」「その川の水を飲ませろ！」といった書き込みがあふれたのである。

結局、同年9月、浙江省の15市の環境保護局長が「請遊泳！」のリクエストに応え、川で泳ぐというパフォーマンスをするまでに追い詰められていったのだ。

4つ目のキーワード「爆破予告」は、各地で爆破事件や航空機に対する爆破予告が繰り返された問題を指す。

だが、地上では「予告」にとどまらず、党組織や小学校までが狙われ、実際に大きな被害が出るケースも続いたのだ。中国各地の繁華街では、小さな物音にも人々が逃げ出す現象も見られ、ついに中国は「食」「空気（水を含む）」そして「治安」という3つの安全を失ったと嘆く報道があふれたのだ。

そのころの中国では、無作為に社会に向けて怒りを爆発させる「報復社会」と呼ばれる犯罪が目立っていた。また、3人以上が集まって騒ぐ「群体事件」も、年間30万件も超えて発生していると報じられていた。

社会が混乱しているという危機感を、党上層部が広く共有していたことは間違いない。同時に人々はネットを通じてつながり、攻撃し（人肉検索など）、要求を勝ち取る（請遊泳！）ノウハウも獲得していたのである。

胡錦濤が「亡党亡国」と発言したのは、こうした背景のなかでのことだ。しかも、離任に際して最後のメッセージとなる18大（2012年）の政治報告に盛り込んだのである。その意図を「強い警告」だったと理解するのは、決して不自然なことではない。

党の暗い未来を予言した胡元総書記の「亡党亡国」発言には、「腐敗問題が適切に処理できなければ」ということわりの一文がある。

これを筆者が温元総理の「文革」発言と同じ文脈でとらえるのは、実は「亡党亡国」を以前から多用してきた人物こそ温だからだ。温もまた「亡党亡国」を腐敗問題とセットで繰り返し警告していたのである。

人権の重視や言論の自由の拡大が、党として取り組まなければならない喫緊（きっきん）の課題だったとするのは、やはり説得力を欠く議論だ。

ふたりの警告から、習指導部のスタートへとつながった過程に話を戻そう。

浙江省書記時代に芽生えていた国と党への危機意識

ここであらためて考えなければならないのは、当時の党上層部、すなわち胡・温がそろって「亡党亡国」だと発言しているのに、党中央が問題意識を共有していなかったと考えるのは、あまりに不自然だということだ。

ならば、次に考えなければならないのは、党はこの問題をどう解決し、誰に危機打開のタクトを委ねようとしたのか、である。

そこで白羽の矢が立ったのが、習近平だったのではないだろうか。

すでに述べたように、習近平が胡錦濤の「接班」として常委入りしたのは、2007年のことである。このとき世界のメディアは予想外の人事に、少なからず慌てた。胡錦濤と同じ系譜（共青団）に列せられる李克強が「接班」から外れるという、西側メディアにとっての予想外の人事は、派閥の論理による中国政治分析の限界をいみじくも露呈させてしまったからだ。

足りなかったのは何か。おそらく、党がどんな人材を求めているかという、ごく当たり前の視点だ。

もし、「党のニーズ」から習近平の常委抜擢前の人事を見ていれば、もう数カ月もすれば党大会が開催されて、中央入りが確定するというタイミングで、やや強引に上海市書記に抜擢されたことも得心がいく。要するに2階級特進前の、明らかな箔づけだったのだ。

党が求める危機の指導者の適任者として、後で考えれば納得のいく話である。習が浙江省書記時代に、地元紙『浙江日報』に連載した短文をまとめた書籍『之江新語（ジージャンシンユィ）』（浙江人民出版社、2007年）がある。習近平の特徴は、すでに目次の短い言葉のなかにくっきりと反映されているからだ。

具体的には、「幹部は温室のなかで培養してはならない」「人材発掘では近親者繁殖を防止しなければならない」「GDPは重要だが、GDPだけでもだめだ」「GDPは必要だが、緑のGDPも必要だ」「民主は必要だが、集中も必要である」といったタイトルだ。また、そのほかに目立つのは「農村」「基層（一般大衆）」「倹約（節約）」という、現在につながるワード群である。

総書記就任後、習近平が実行した政策のほとんどは、すでに『之江新語』で言及されていると言っても過言ではない。そうした習の考え方は、官官接待で贅を競い、一箱500

0円もする高級タバコがワイロ代わりに大量に流通していた当時の中国の世相とは、明らかに相いれない価値観を持っていたのだ。

つまり、党中央が党の未来を悲観し、荒療治のために空気を一変しようと考えたとき、それを最前線で指揮する人材として、習近平という人物に注目する材料はそろっていたのである。

李克強がミソをつけた河南省時代の「売血問題」

一方の李克強は、どうだっただろうか。

たしかに、早くから「未来の総書記」として呼び声が高く、党の期待を背負ってエリート街道を順調に歩んできた優秀な人材である。党が培養したエリートなどと書けば、さも受験勉強だけの秀才だと誤解されてしまうだろうが、そこは気の遠くなるような確率を勝ち抜いて出世街道を歩んだ実績も携えている。トップエリートは、李ひとりではないのだから当然だ。

だが、地方の「第一把手」となってから、彼が果断に大きな改革に着手したという評判は聞かれない。むしろ伝統的な「低調」型のトップのイメージがつきまとい、実績という点ではパッとしないのだ。

河南省のトップを務めていた時期（1998〜2004年）には、かえって評価を落としている。同地ではHIV（後天性免疫不全症候群）感染拡大という問題が火を噴き、全国的な注目を集めたのだ。HIVの感染拡大の背景には「売血問題」があった。売血は、当時の貧しい農民や労働者にとって貴重な収入源であったが、血液を採取する環境があまりに劣悪で、HIVの感染爆発を招いてしまったのである。

そもそも多くの人々が、売血だけで生活を維持しているという厳しい現実への驚きもさることながら、感染した者たちの救いようのない悲惨さがメディアで伝えられると、李克強の責任を問う声が、メディアでも取り上げられるようになった。エリート李克強の声望は、ここで大きく傷つけられてしまったのである。

もっとも河南省の売血問題は、李克強の前任者、李長春（リーチャンチュン）（後の常委）が長年（1992〜98年）放置した結果であり、李克強は単に負の遺産を継いだだけ、という見方もあった。しかし、これから「党再建」という難題と向き合う指導者として、また中央が求める強い指導者として見たとき、李克強ははたして適任と目されただろうか。少なくとも積極果敢に危機に挑むイメージとは、かけ離れていたはずだ。

2007年、習と李は「胡・温」の後継者として第17期党中央委員会第1回全体会議で2階級特進という華々しい出世を遂げ、最高指導層に名を連ねた。

抜擢後の習近平は、胡錦濤の下で本来のキャラクターを封印したかのように、黙々とナンバーツーとしての役割をこなし続けた。世界には、中国の「接班」を見極める時間が5年もあったのに、ついに習が内に秘めていた政治志向をつかむことはなかった。それは、この時期の習が、まさしく伝統的な「低調」の傾向を持つ後継者と見られていたからだ。

大物を追い落としても党内で嵐が起こらなかったワケ

国家副主席時代の習近平への評価は、いまとは真逆の調整型の指導者というものであった。このことは、派閥による政治分析を勢いづけた。江沢民閥（上海閥）でもなく、団派（共青団）でもない習は、党内で自分を支えてくれる強い後ろ盾がないため、思い切った政策が打ち出せないという説明と相性がよかったのだ。

それだけに習指導部が、スタート直後から凄まじい勢いで反腐敗キャンペーンを推し進めても、習の本気度は当初、なかなか理解されなかった。江沢民や胡錦濤時代のキャンペーンの経験に倣（なら）い、「数カ月もガマンしていれば、すべてが元どおりになる」と腐敗官僚たちは高をくくっていたのだ。しかし、それが大きな見込み違いであったことは、間もなく誰もが知ることになる。そのことは、すでに第1章で述べたとおりだ。

ロケット・スタートを切る前の習の5年間は、習にとっての雌伏（しふく）の時間だったのか、それとも、胡・温など党中央の庇護の下で着々と準備を進めた時間だったのか。

正体を隠して機をうかがっていたという考えがあっても不思議ではないが、誰もが聖域視する常委までをターゲットにする反腐敗キャンペーンを党中枢の理解もなく行えば、大きなハレーションは避けられなかったはずだ。

だが、既述のように周永康を挙げ、続いて郭伯雄、さらには徐才厚という大物を撃ち落としてもなお、党の上層階で大きな逆風が習近平に吹いた形跡はない。少なくとも、党内で消化しきれないほどの闘争が表面化することはなかったのである。

この事実を踏まえて考えれば、やはり習は、党内の大きなコンセンサスの下で大胆な政策を実行してきたといえるのではないだろうか。

筆者がそう考える理由は、実は単純だ。習近平という独断専行で剛腕なイメージに彩られた指導者は、先に記したように、実は人と組織を知り尽くしたうえで大胆に政策を実行する政治家だからだ。

手腕の妙は、まず指導部人事に表れた。

全国党員に対する規律検査および汚職摘発が、あれほど大規模で、かつスピーディーに進んだ背景には、反腐敗キャンペーンの最高責任者として辣腕を振るった王岐山（当時常委、中規委書記）の存在を抜きには語れない。

習近平と王岐山の関係については、「はじめに」でも触れた。青年・習近平の苦難のときを支えた兄貴分が王だった。この人事が単なる身びいきでなかったことは、中規委書記に就いた王の獅子奮迅の働きがすべてを物語っている。

2022年10月に開かれた20大の「政治報告」で習近平は、反腐敗の闘いを「14億人の期待を裏切ることに比べたら、数千人の怒りなど……」と、指導部に向かった逆風について言及している。しかし、この強い風は、習近平へ向かう前に、中規委書記である王岐山へと向かったのである。その風当たりの強さは、硬軟両面で相当な圧力となったはずだ。

当然のことながら、同じ党員であれば、取り締まる相手の顔も浮かぶことだろう。そんな場合でも、情を押し殺して反腐敗キャンペーンをやり遂げなければならなかったのだ。

トップには、個人の能力以上に何より〝胆力〟が不可欠だったのだ。

こうした王岐山の配置こそが、習近平の慧眼と言っても過言ではない、特徴的な人事の第一だ。

軍まで動かせる党中央弁公庁主任の強力な力

次に注目すべきは、党中央弁公庁（＝中弁）主任のポストだ。

中弁の役割は、党中央総書記の実務を補佐することとされているが、党組織のすべての動きを把握しながら、すべての重要会議や会合、外遊の日程を取り仕切ることだ。

また、総書記への面会の許諾も中弁を通じて行われる。各組織のトップは軍人に至るまで、中弁主任を介して総書記との面会を願い出るため、党内で深い人脈を築くことになる。日本では中弁主任を「官房長官に相当」というように報じられるが、持っている権限の大きさは比較にならない。

また、中弁は中国人民解放軍の一部の部隊を指揮するという、特別な権限も与えられている。いざという場合には党の指導部メンバーを安全に北京軍区（現中部戦区）まで連れていくため、部隊を指揮するのだ。

中弁主任が束ねる部隊のメンバーは、党中央政治局員以上の幹部たちに保衛（SP）を派遣している。当然のことだが、SPたちは政治局員を守護する役割と同時に監視の役割も果たすのだ。

彼らが持ち帰った情報は、逐一、中弁主任に報告された後に総書記の目に触れる。そのほか、国家安全部・公安部から軍の情報系統、外交部、党中央対外連絡部（中連部）、党中央統一戦線工作部（統戦部）から各シンクタンクまで、党中央に集められる情報のほとんどは中弁を通じて総書記に届けられるのだ。

中弁が党の中枢神経と呼ばれる所以（ゆえん）だ。

当然、この重要ポストには、最も信頼できる腹心を当てるのが慣例だ。1989年の第2次天安門事件後に急遽、鄧小平から総書記を命じられた江沢民は、曽慶紅（ゼンチンホン）（後の国家副主席）だけを連れて上海から北京へと向かった。そして、曽を中弁主任に就けたことはきわめて象徴的だ。

この中弁主任のポストに2012年、習近平が栗戦書（後の全人代会常務委員長）という大ベテランを配置したことは、かなり目を引く人事だった。

中規委のトップに王岐山を持ってきた際、王はもともと世界経済の舞台で人脈が豊富だったことから「ミスキャスト」という批判がメディアを賑わせた。それと同じように、栗の中弁主任起用は、北京の一部でややマニアックな興味を喚起したのだ。

というのも、中弁主任のポストはそれまで、後々、党の中枢で活躍が見込まれる有望な若手が起用されることが多かった。この点においては、日本の総理大臣と官房長官との関係にも近いといえるだろう。

中弁の仕事についてはすでに触れたが、なかでも総書記との関係の深さから、企業における社長室長のような役割とも説明されることがある。そうした視点で栗の抜擢をあらためて見てみると、その異色ぶりが際立つ。

というのも、社長室長に自分より年上——栗は習より3歳上で2022年の20大で引退——の人材を配置したのだ。しかも、同時に政治局員を兼務させているのだから、役員を兼務する年上の社長室長というイメージだ。

試みに、習以前の中弁主任を並べてみると、江沢民時代に中弁主任として総書記を支えた曽慶紅は、江より13歳年下であったし、胡錦濤時代の令計画主任も、やはり14歳年下であった。

ちなみに胡錦濤と令計画の関係は、歴代の総書記と中弁主任のなかでも少し変わっているといわざるを得ない。というのも、胡が自ら望んで令を選んだか否かが、定かではないからだ。そのことは、第1章でも少し触れた。

令は、胡錦濤の出身母体である共青団の出身で、経歴だけを見れば腹心と説明されても違和感はない。だが、令は胡がわざわざ中弁主任に抜擢したのではなく、その前から中弁にいて主任に昇格している。つまり、江沢民との関係が深い人物とも考えられるのだ。

少し話題がズレてしまったが、こうした点から見ても胡錦濤は歴代総書記のなかで異質な存在なのである。

官僚を恐怖のどん底に陥れた「現代の東廠」

話を戻そう。

胡錦濤指導部の末期、中国はどこから見ても深刻な「ワイロ社会」であった。「灰色収入」（合法の白色収入と違法な黒色収入の中間という意味）や、「含金量」（ポストの権限がどのくらいの潜在的な金銭を生むかを表した言葉）というフレーズが定着して久しく、およそ権力のある者は、こうした収入を当てにして家計を動かしていたのだ。だから、その状況を改革されることへの抵抗は、計り知れない大きさがあった。

この状態に一撃を加え、党員に規律を取り戻そうとした習近平が、下から足を引っ張られないように警戒したことは想像に難くない。だからこそ、栗戦書の中弁主任への起用は、これに先手を打った人事だと考えられるのだ。筆者が、習近平が党という組織をよく知っていると表現するのは、こうした点を指している。

実際、中規委と中弁が両輪になって進めた反腐敗キャンペーンと、規律の立て直しとしての「倹約令」は、その中身が骨抜きにされることなく、末端に至るまで党の幹部たちの意識を変えていく。

周永康に代表される「大トラ」の捕り物はすでに記したので、ここでは末端幹部たちをターゲットにした取り締まりについて、いくつか見ていこう。大車輪の活躍をしたのは、中規委の下に設けられた巡視隊である。巡視隊が設立されたのは2003年だが、ほぼ休眠状態にあったこの組織を徹底的に活性化させたのが王岐山と栗戦書、そして現常委で初代中央巡視工作領導小組組長の趙楽際（ジャオルージ）だ。

巡視隊の仕事は、あらかじめターゲットを定めておき、その対象をおよそ2カ月間かけて徹底的に調べ上げ、問題を見つけ出すことだ。イメージされるのは、日本のマルサ（国税査察官）である。

本来、一番のターゲットは汚職であるが、習指導部の下での目的は広く規律違反の取り締まりであった。なかでも、指導部がスタートして間もないころに出された「倹約令」違反の取り締まりが、強化されたのである。

たとえば、大きな都市を結ぶ高速道路の出口で張り込んでいた巡視隊が、黒塗りの公用車を見つけるたびに片っ端から停めてトランクのなかをあらためた。強制的に開けさせたトランクには、たいてい高級酒や高級な土産物が大量に入っており、巡視隊はその入手先と理由を追及したのである。

これまでなら時速10㎞程度オーバーしても取り締まられることがなかったスピード違反を、きっちりメーターで測り、１㎞でもオーバーすれば取り締まるような容赦のなさに、官僚たちからは不満の声が漏れた。

当時、習近平のこうした政治スタイルは「現代の東廠（とうしょう）」と呼ばれ、スネに疵（きず）を持つ幹部たちは、習のスタイルを蔑みながらも恐れた。

東廠とは、明代に存在した皇帝直属の特務機関（メンバーは主に宦官（かんがん）であった）のこと。

中国の歴史上で初めて存在が確認された、最古の特務機関としても知られる。東廠には、皇帝から殺しの権限さえ与えられていたといわれる。その権力の大きさから「史上最強の特務機関」とも呼ばれているのだ。

「倹約令」に不満を持つ党幹部たちが、習政治を「現代の東廠」と揶揄した意味は、裏を返せば、中規委と中弁がそれだけよく機能したことの証しだと言えるだろう。

勝手に高級レストランを開きシノギを得ていた人民解放軍

さらにもうひとつ、人事の点で特筆しておくべきは党と軍の関係だ。解放軍という武装した集団を、党中央がいかにグリップしコントロールするのかは、共産党にとって伝統的な課題であった。

習近平は李克強など同世代の指導者と比べても、また江沢民や胡錦濤と比較しても、軍との接点が深いリーダーである。習が文革の呪縛から解き放たれて間もない時期に、中央軍事委員会秘書長だった耿飈（ゴンビァオ）（後に国防大臣。1909〜2000）の秘書を務めた経歴があったということは、しばしば言及される。だが、それだけではない。

党のホームページの習近平の経歴を他の党幹部たちのそれと比べると、特殊な事情が浮かび上がる。習は各地で首長を務める一方、それぞれの地方で部隊の政治委員を務めていたことが、細かく記されているのだ。

軍は、自分たちの領域に土足で踏み入られるような行為を、決して快く思わない。本来、専門性も強く、それゆえに排他的な性格を帯びた組織なのだ。

しかも当時の軍には、「民間企業や官庁だけが経済発展の利益を享受している」という僻(ひが)みがあり、自分たちの組織は「取り残されている」という意識も強かった。それゆえに、彼らは自分たちの持てる資源を使い、経済活動に熱心に取り組んでいたのである。

たとえば、彼らしか使えない空港や鉄道を使い、民間物資を輸送してワイロを得たり、軍人以外が立ち入ることのできない場所に高級レストランを開業し、特殊な接待の場に利用させたりしていたのだ。

そこには強い縄張り意識と特権意識もあったので、彼らが自力で獲得した既得権を、簡単に手放すとは思われなかった。そんな抵抗が予想される軍との対決でも、習はまず人事から一手を投じたのだ。

それが、秦生祥(チンションシァン)(現中国人民解放軍海軍政治委員。1957〜)の党中央軍事委員会(軍委)

弁公庁主任への引き抜きである。通常の流れであれば、すでに引退の準備に入っているはずの秦を、大胆にも要職に就けたのだ。

軍委中弁主任は、江沢民から胡錦濤へと権力が移る過程で、軍への影響力を残したかった江沢民が、自分の元秘書で腹心の賈廷安（ジアィエンアン）（後の軍委政治工作部副主任、上将。１９５２〜）を押し込んだポストだといえば、その重要性がわかるだろう。

習と秦の接点がどこにあり、習が秦のどんな能力に目をつけて信頼したのかは定かではない。また、秦が軍委弁主任に就任した後、具体的にどんな働きをして２０１５年の軍事改革（軍改）を軌道に乗せたのかも判然としない。

だが、結果として軍委副主席という制服組のトップふたりを規律違反に問い、刑事罰を与えただけでなく、中華人民共和国の歴史が始まって以来、最大規模とされる軍改まで成し遂げてしまったのだから、成果は明らかだろう。

さらに細かい視点を加えれば、近代化の遅れと「機能する軍」への脱皮という課題も、確実に前進させている。「多すぎる兵力」を削減し、機械化、情報化、電子化など近代戦に耐えうる装備を拡充する計画の進展にも道を開いたのだ。

習近平が軍に発した大清査という〝宣戦布告〟

無論、軍改までの道のりが人事だけで進んだはずはない。

習近平の非凡さは、大きな抵抗勢力と対峙したとき、その対抗勢力のどこを突けば組織として弱体化――団結力を奪うこと――させられるのかということを熟知している点ではないかと思われる。

ここでも多用されたのは「査察」である。

２０１５年2月11日、中国国内の主要メディアは一斉に、〈全軍財務工作大清査開始〉と大きな見出しを掲げて報じた。これが軍に向けられた〝宣戦布告〟であることは、誰の目にも明らかだった。

全軍財務工作大清査（大清査）と聞いても、当時の中国人でピンとくる者は少なかったはずだ。

その言葉が意味しているのが会計監査であることは、文字面からも理解はできた。しかし監査となれば、調べられる側は身構える。どんな組織であれ、探られて痛くない腹を持たない組織などないからだ。しかも、そのターゲットが当時「伏魔殿」として名高い軍であればなおさらだ。彼らが抵抗するのは必至だった。

そのためか、当初は大清査に対する世論の反応は鈍かった。本当に査察などできるのか、掛け声倒れに終わるのでは、と疑う気持ちのほうが強かったのだ。

しかし、メディアは敏感に反応した。

大清査のニュースをトップで伝えたCCTV（中央電視台）の番組『新聞聯播』のキャスターが、「今後1年間かけて、2013年度と2014年度の2年分の監査を徹底して行うことが決められました」と興奮した口調で伝えたのが印象的だった。

報道に際してメディアは、大清査であぶり出すべき不正にも細かく言及した。たとえば、「経費および支出の不正」「ニセ領収書の混入」「内部接待の状況」「予算外経費の管理状況」「経費流用の実態」「（装備品などに関する）商標の偽造」「不正なプール金の有無」といった問題だ。

この査察により今後、「公金の浪費を防止」し、「政策のスキマを利用して軍幹部が私腹を肥やす行為にもメスを入れる」と同時に、最終的には「国の財産を軍が厳しく管理することを常態化させる」のだと強気に報じたのだ。

記事のトーンはいつもの紋切り型ではなく、明らかに党中央の強い意志を背景に、これまでタブーとされた聖域へと踏み込む興奮にあふれていた。

そして大清査は「どうせ大山鳴動してネズミ一匹だ」という大方の予想を覆し、目に見える成果を積み重ねていった。それまで主人には従順を装いながら、自分たちの権益に手を突っ込もうとすれば牙を剝くと考えられていた軍を、訓練された警察犬のような組織へと変貌させていったのだ。

たとえば2014年10月22日、新華社は〈解放軍四総部が軍事費管理の厳格化を要求一枚の銅板であっても節約〉というタイトルの記事を配信している。この段階では、まだ表面的な反応だったかもしれないが、軍の権力が集中する四総部（総参謀部、総政治部、総後勤部、総装備部）が習の「倹約令」に従順であることを明示しているのだ。

一般道を我が物顔で走り続けた軍用車

習指導部が、このころ軍へ仕掛けた攻勢は大清査だけではなかった。むしろ組織に付随するあらゆる〝緩み〟に対する一斉砲撃であったのである。

たとえば、軍人の怠慢への取り締まりだ。なかでも代表的なものが、当時の軍にはびこっていた架空訓練の摘発だった。

２０１４年7月27日付『人民日報』は、〈陸軍第四〇集団軍の某旅団で、３１９人の兵士・幹部が問責　ほとんどの兵士が架空の訓練実績を報告していた〉というタイトルの記事を掲載した。内容は、当時の瀋陽（しんよう）軍区が誇る精鋭軍、陸軍第40集団軍で「訓練の偽装」が蔓延していたと告発するものだった。

記事を引用してみよう。

〈陸軍第40集団軍のある機械化歩兵旅団（またはモーター化歩兵旅団）の訓練中に問題があきらかになった。〝無為〟や〝乱為〟といった行為が見つかれば、その責任は問われなければならない。また訓練を行わなかった兵士も処罰されなければならない。訓練をかき乱す者は取り締まられなければならない。また時間を守らない者や分隊の兵員を占用する者、偏った訓練や不十分な訓練を行う者の責任も追及されなければならない〉

同じように２０１３年、習指導部は軍が管理するナンバープレートの問題にもメスを入れた。軍のナンバープレートの問題とは、一般道をわが物顔で走る軍用車に対し、一般ドライバーから批判が高まっていた問題のことだ。

当時、すでに渋滞が常態化していた北京の環状線で、渋滞の列を横目に堂々と路肩を走り抜けていく軍の車は、日常的な光景となっていた。ときには信号さえ平気で無視する無法ぶりは、つとに悪名高かったのだ。

すでに自家用車が普及していた都市部では、こうした軍用車の横暴な振る舞いが、軍に対する大衆の悪評に直結し、放置すれば党中央への信頼低下へとつながりかねないと考えられていた。

さらに問題は、事業で成功した成金たちが、軍とのつながりを得て、一目で軍とわかるナンバープレートを入手し、軍人が運転する車以上に、堂々と交通ルールを無視するという現象が目立っていたことだ。

これは大衆の目にどう映るのだろうか。一部の成功者が権力と結びついて特権化していると受け止められれば、それを見て見ぬふりをする党への反発は、水面下でどんどん強まっていったはずだ。

2022年に総書記として3期目入りを果たした習近平に対し反感がある日本のメディアでは、その反動のように胡錦濤時代とその政権運営を肯定するような言論が目立つ。だが、それは、こうした問題を山積した状態のまま放置し続けるべきだったと言っているのに等しい。そのことに気づかないのだろうか。

当時、公安はパトカーの赤灯を裏で横流しし、成金たちは交差点に入れば自分の車に赤灯を載せて堂々と信号無視をしていた。彼らは気づかれていないと思っていたかもしれないが、大衆はそれをよく知っていたのだ。同じように軍のナンバープレートも「権力をカネに変える」ツールのひとつだと、市井の人々はよく噂していた。

だからこそ、習近平が軍のナンバープレートの問題に踏み込んだとき、大きな喝さいが起きたのである。

繰り返しになるが習指導部は、軍の制服組で頂点をきわめた郭伯雄、徐才厚というふたりの将軍を裁き、拘束された惨めな姿を世にさらした。これは軍のプライドに正面から挑戦する行為だった。加えて、これまで見てきたように訓練の手抜きをメディアに暴かせ、不正な蓄財を放棄させて、裏金を生み出す利権の構造にまで大胆にメスを入れてしまったのである。

一方、これは意外な事実かもしれないが、中国の軍は独特の特権に守られている一方で、中央の権力からは、なぜかずっと遠ざけられてきたのだ。

江沢民時代を境に起きた党中央における軍軽視の傾向は、常委に占める制服軍人の椅子が消えてしまった――80年代には5人しかいなかった常委のうち、ひとりが制服の軍人であった――ことからも説明される。だが、このことは党と軍の離間を招くと同時に、軍に対する党のコントロールも外してしまったのである。党のガバナンス不在を不安視する声は、党中央内部でも高まっていたという。

一方で権力から遠ざけられ、他方でカネ儲けを謳歌する民間を羨んでいた軍が、今度は査察と規律で締めつけられたのである。

海外メディアには、軍が反撃する危険性を取り上げる記事が目立ち、国内でも「軍が黙ってはいない」といった見方は大勢を占めた。

しかし、結果は意外なものであった。

習指導部は、その後も軍の圧力に屈し、取引することなどなく、かえって大清査の勢いを保ったまま、本丸というべく軍事改革（軍改）へと切り込んでいったのである。これは大衆の度肝を抜く展開であった。

中国史上最大の改革だった「軍改」の本質

習指導部が挑んだ軍改の具体的な中身については、ここでは触れない。ただ、それが中国史上最大規模の改革だったということは、知っておいて損はないだろう。

軍区にメスを入れることは、およそ軍の伝統にもかかわる――軍人が出身の軍区にプライドを持っている――ため、力のない指導者が触れれば火傷するテーマだ。しかも軍区は、党と軍の力関係にもダイレクトな影響を与えるほどデリケートな問題なのだ。

中国は「銃口から生まれた国」であるが、体質としてシビリアンコントロールを失ったことはない。それは、党が軍の支配に神経を尖らせてきたからであり、そのひとつが軍区の設定だったのである。

軍改前の7大軍区を、行政単位の31省・自治区の境界と重ねてみれば一目瞭然なのだが、大軍区は必ず2つから3つの省にまたがるように設定されてきた。この意味は、各省を束ねる書記と各軍区のトップが、必要以上に親しくならないようにするためだ。軍区が複数の省に及べば、各省がけん制し合って癒着を防ぐという制度設計になっていた。

支配する党と支配される軍の双方にとって、いかに軍区が重要な意味を持つかを示すエピソードといえるだろう。

軍改については、江沢民も胡錦濤も、在任中に何度も言及している。しかし、実行されることはなかった。つまり、鄧小平時代の後期から取り残された、悩ましい宿題となっていたのである。

その軍改に大胆に手をつけたのが習近平だと知れば、習がリベラルな政策を実現しようとした父・習仲勲にも負けない大きなリスクを背負って、危機の指導者として血路を切り開いたことが理解できるのではないだろうか。

2015年9月、軍改を成功させた習近平は高級車「紅旗(ホンチー)」に乗り閲兵(北京・天安門で行われた「反ファシズム戦争勝利・抗日戦争勝利70周年記念」軍事パレード)した。このときの重要講話で習は、軍がさらに嫌がる「30万人の兵力削減」を発表したのだ。中国国民は、習近平と軍との力関係を、まざまざと見せつけられた。

米中対立が激化するなかで、コロナ禍の日本では安全保障に関する議論が高まった。国民に防衛意識が高まるのと同時に、潜在的な中国への脅威が強調されるようになった。それは、日本の防衛大臣が「台湾有事は日本の有事」と軽々と発言してしまうまでに軌道を逸していき、中国を「敵」と想定した防衛装備の拡充と法律の改正が進められた。

２０２２年末に改定された安保関連3文書（「国家安全保障戦略〈ＮＳＳ〉」と、現・防衛計画大綱の「国家防衛戦略」、および現・中期防衛力整備計画の「防衛力整備計画」）のなかで、北朝鮮より上位に中国を位置づけたのは象徴的だ。

日本が変化していく過程では、台湾有事がクローズアップされる一方、「解放軍の暴走」という、かつて多用された中国の危うさを表現したフレーズが、いつの間にかほとんど聞かれなくなっていたことにお気づきだろうか。それは、習近平指導部が軍へのグリップを強めたという認識が、マスコミ、専門家のあいだで少なからず働いていたからだろう。

２０１３年に軍委主席に選出された直後、習近平は早速、「呼べばすぐ来る、来ればすぐ戦え、戦えば必ず勝つ軍隊」というスローガンを発し、解放軍が強い軍隊であることを求めた。そして、翌年の春節に国内を視察した後に訪れた広州軍区で、「戦争のできる軍隊、戦争に勝てる軍隊」（中国語では「ケンカのできる軍隊、ケンカに勝てる軍隊」）と号令をかけたのだ。

もっとも、軍の規律を取り戻そうとしたのは習だけではない。江もその必要性を強く感じていた指導者のひとりだ。

思い返せば1998年7月13日、「全国打撃走私工作会議」の席で重要講話を発した江沢民は、「軍隊、武装警察部隊、政法機関は、ただちに一切の経済活動を停止せよ」と号令をかけ、軍に楔を打ち込もうとした。実際、張万年総参謀長とともに同年末までに3000社の軍系企業を整理したのだが、そんなことくらいでは焼け石に水で、その後も軍が経営する企業は増え続けた。

そして、ついには民業を圧迫するまでに膨らんでしまったのだから、大衆が軍に対する党の無力ぶりを揶揄したのも当然だ。

周永康の逮捕で初めて明らかにされた党内の派閥

ところが、そんな党‐軍関係は習近平の登場によって、すっかり様変わりしてしまったのである。

規律を取り戻した解放軍が、日本にとっては悩ましい存在であることは間違いない。だが一方では、「軍の暴走」という〝変数〟は格段に下がった。このプラスとマイナスをどのように評価すべきなのか。時間を要する作業になるはずだ。

それにしても、江沢民や胡錦濤が認識しながら対処できなかった難題を、なぜ習近平だけが解決できたのだろうか。

人事の〝妙〟については、すでに触れた。しかし、大清査の成否を決めたのは、それだけではない。習指導部は、決定打となる新しい法律やチームをつくったわけではなかった。たとえば、規律検査で大車輪の活躍をした巡視隊も、決して新設ではない。各組織で眠っていた機能に、新たな命を吹き込んだ結果なのだ。

言い方を変えれば、「抜かずの刀」も、ちゃんと抜けばよく切れることを実証したのである。人と組織を知り尽くした指導者、習近平の真骨頂というべきだろう。

習近平が取り組んだ改革の二大看板は、「軍改」と「国有企業改革＝国改」だ。ふたつの大改革は、並べてみると習の手法がよくわかる。

前者は軍改と同時に「大清査」をフル稼働させ、後者は「巡視」によって徹底的に抵抗力を奪う手法だ。

国改をやるのにわざわざ巡視隊を動かす必要などあるのか、と多くの読者は疑問に思うはずだ。党中央が、国務院傘下の企業を従わせることなど「朝飯前だ」というのが、一般的な日本人の認識だろう。

だが、国改こそ実は難題中の難題だった。

繰り返すが、国有企業は国務院の傘下にあり、そこで働く者は準公務員の扱いである。企業のトップ層は政治任用で人事権は国にあるのだから、そうなるのも当然だ。

しかし、実態は多くの党幹部の利権が入り乱れる伏魔殿だった。大幹部の子弟もたくさん受け入れているため、2代目を通じて干渉を跳ね返す力も備えていたのだ。

たとえば、汚職で失脚した元常委の周永康は、公安を牛耳る幹部として認知されていたが、〝本籍地〟は石油系の国有大企業「中国石油天然ガス総公司」（ペトロチャイナ）である。

2015年、新華社通信（1月6日付）は周永康の事件に絡んで、歴史上初めて党内に派閥が存在していることを認めた。記事によれば周に絡む派閥は、「石油閥」「秘書閥」「山西閥」（百度では「石油」「四川」「政法」となる）の3つ。なかでも筆頭は石油閥だ。

つまり、周が健在であった時代に、もし国がペトロチャイナのやり方に口を出し、改革を迫ったとしたら、おそらく周から担当者に連絡が入り、その圧力の下で改革は骨抜きにされたはずなのだ。

だが、ペトロチャイナに改革を迫る前に、規委の手がそのトップに迫るとなれば話は違ってくる。それも、習の肝いりで陣頭指揮を執るのは王岐山だ。叩けばホコリが出るのはどの国有企業も同じであり、規委に睨まれた企業には抵抗する術などなかっただろう。そのタイミングで改革を迫られれば、国有企業も従うしかない。

こうして長年の課題である国改が進められたのだが、焦点はふたつ。ひとつは政治力を使って生き残るゾンビ企業の退治であり、もうひとつがサプライサイド改革だ。サプライサイド改革は主に過剰生産の問題だった。

いずれも、その後の中国の経済発展を支えるベースとなった改革だ。

軍内にはびこっていた「買官売官」への反発

巡視や査察が二大改革の道筋をつけたということは、こうして見ていくとよくわかるが、成否を分けたのはそれだけではない。

実は、習改革の特徴のもうひとつの側面は、組織全体を敵に回すような戦いをしなかったことなのだ。

習近平は軍の内部に深く手を入れるに際し、前述のように軍委中弁主任に秦生祥を配してグリップすると同時に、若手を大胆に登用する人事で、組織を切り崩していったのだ。

2013年7月31日、建軍節を前に6人の上将を昇格させたのは、象徴的な人事だと考えられている。命令書の署名は6月29日付であるから、習は軍委主席就任からわずか7カ月で、7人の上将を自らの手で生み出したことになる。実に1カ月に1名というハイペースであり、これは在任期間中に79人の上将を任命した江沢民をも上回るとされた。

2014年5月16日付『人民日報海外版』は、〈気がつけば7大軍区の司令官（2人の上将と5人の中将）は、みな〝五〇後〟に入れ替わっていた〉と、その若返り人事を伝えている。「五〇後」とは1950年以後に生まれた世代を指す。こうした人事が、軍の若手に不評であるはずがない。

実際に「軍改」にも、実は若手の推進力が活かされている。軍改の最前線に立った組織は、党中央軍事改革深化領導小組というタスクフォースなのだが、現場を一任された責任者は常務副組長（組長は習近平）の許其亮（シューチーリャン）（現軍委副主席）であった。許もまた〝五〇後〟であることは無論、偶然ではない。

すでに述べてきたように習近平は、すべての軍人が憧れる巨星・徐才厚を逮捕し、落ちぶれた姿を世間に晒した。

通常、こんなことをすれば軍が反発するのは必至だ。しかし、現実にはそれほど大きな抵抗は起きなかったのは、徐が問われた罪への反発があったと考えられている。

規律違反を問われた党幹部はたいてい、法廷で「収賄」「横領」「職権濫用」という3つの罪を読み上げられる。だが、被告席に座らされた幹部が、どんな罪で規委の網に引っ掛かったのかがわかるのは、4番目に並べられた罪状なのである。

徐のケースでは、「金銭で他人を昇進させた罪」であった。

ポストをカネで買う、いわゆる「買官売官」の罪だ。この行為は軍の内部に横行していた。噂では、徐のオフィスや自宅からは札束を詰めた未開封の段ボール箱が大量に見つかり、そこに履歴書も添えられていたというのだ。

この「買官売官」には軍内にも反発があった。当然のことだが、カネを用意できる者ばかりではないし、カネを用意してポストを射止めた者にとっても、大きな負担となっていたからだ。それ以前に昇進できた者とできなかった者では、圧倒的に後者のほうが多いので、金額でライバルに敗れた者たちは、不満をため込んでいたのである。

こうした状況であったため、「買官売官」にメスが入ったとしても、すべての軍人が反発するという構図にはならなかったのである。

絶妙なタイミングで中国に呼び戻した自分の娘

習近平というリーダーの登場は、こうした点からも政治目標を打ち立て実行する力にきわめてあふれていることがわかる。これは別の見方をすれば「闘争」に長けているということであり、また人間や組織の弱点がどこにあるのかを、よく理解しているとも考えられるのだ。

この時代の中国は、習近平を頂点に多くの組織で主要なポジションに就いていたのは、「文革世代」と呼ばれる人々だ。大衆を動員した政治運動の最中で、学校に行く機会を奪われ、識字率も低いという特徴がある。ただその反面、人間の裏の裏まで見せられるような環境で鍛えられたことで、実践に強いという長所もある。

それと同時に闘争のなかでは、「原則」に忠実であることが自分を守ってくれるということを、徹底的に叩き込まれた世代でもある。

軍という巨大な組織に挑もうとしたとき、自分にやましいことがなく、かつ相手に明確な瑕疵(かし)があれば、党のトップが敗れることはない。

この戦いの鉄則を考えたとき、ふと思い出すのは習が国家副主席から昇格するタイミングで香港のクオリティペーパー『明報』が報じた記事だ。それは、「留学などの理由でアメリカに住んでいた中国の国家指導者の子どもたちが、昨年秋（2012年秋）の共産党大会前後に一斉に帰国している」という内容だった。

つまり、習が総書記に就任する少し前から、指導部メンバーの子弟たちを続々と欧米や日本などの留学先から呼び戻し、臨戦態勢を整えていたということを、その記事は行間に滲ませているのだ。

実際、ハーバード大学に留学していた習近平のひとり娘も、唐突に帰国の途についた。これは、その直後から全国を巻き込んで吹き荒れた「反腐敗キャンペーン」との関連づけで考えられるべきことだろう。

先に触れたように、国家副主席時代の習近平は、現在のエネルギッシュで専横なリーダーのイメージとはほど遠い「低調」な指導者だった。

ある意味「昼行燈（ひるあんどん）」のようなこの5年間が、もし習が本性を隠して就任後の大手術に備える期間だったとしたら、どうだろうか。ロケット・スタートを切って、反撃の態勢を整えるスキさえ与えないプランを練っていたとしたら……。

指導部メンバーの子弟をひっそり海外から呼び戻す行為が、その最後の仕上げと考えると辻褄は合うのだ。

全党員、官僚らに突然厳格な規律厳守を迫れば、ハレーションは避けられない。その一方で、指導部のメンバーの子どもたちだけが海外で優雅に留学していたとしたら、反発は必至だ。「そのカネは、いったいどうやって稼いだのか」という疑問の声が、党中央へと向かったことは想像に難くないからだ。

反腐敗キャンペーンを下から支えた李克強の役割

ここであらためて考えてみたいのは、党と習チームの関係だ。党指導部メンバーが自らの身辺を整え、ドラスティックな改革に備えることができたのは、本章の冒頭でも触れたように、党としてのバックアップがあったからこそではないか、という視点だ。

やはり、背後には長老を含めた党そのものの意志が働いていたと考えるのが、自然なのではないだろうか。

実際、党中央が一丸となって習を支えた形跡は多数見つかる。

たとえば、日本の報道では、とにかく習との対立の構図で描かれる李克強総理も、少なくとも表向きはしっかりと反腐敗キャンペーンを支えたひとりだ。

習が発した「トラもハエも叩く」の号令の下、汚職官僚の徹底的な取り締まりは短期間で大きな成果を上げた。しかし、反腐敗キャンペーンと倹約令で楽しみを奪われた官僚たちも、黙ってはいなかった。既得権益を守るための静かな抵抗を開始し、それは瞬く間に全国へと広がったのである。

その問題のキーワードは「不作為」。要するにサボタージュである。

不作為という抵抗がやっかいなのは、それをする官僚たちはみな、表向き従順を装いながら少しずつ上手に手を抜くため、取り締まる側が鉄槌を下そうにも、その対象がはっきりしなかったことだ。

サボタージュに入った官僚たちは、政治学習の名前を借りて一日中『人民日報』を読むといった抵抗を試み始めた。まさに「上に政策があれば、下に対策あり」の伝統的な手法が地方から広がり、北京を揺さぶったのである。

あたかも、80年代のやる気のない官僚が戻ってきたような現象に、政府は頭を痛めた。彼らは経済を人質にとって、「社会の潤滑油」を取り戻そうとしたのである。

地方の官僚は小さな存在だが、経済を停滞させようとすれば大きな力を発揮できるのだ。国に対しては、さまざまなプロジェクトの進行を妨げるように事務作業を先送りし、個人に対しては申請書類を放置するのだ。たとえば会社の設立を申請しても、ずっと放置されればビジネスの機会を失うといった具合だ。

当然、李が率いる国務院は危機感を募らせた。

2014年6月初旬、国務院は突如、督査隊（国務院督査組）を16の省・市および27の機関に対し派遣した。全国の不作為の状況を正確に把握する目的だったが、結果はすべて李に報告され、間もなく国務院の常務会議が開催された。

この席上、李は役人たちに広がる不作為というサボタージュに対し「事を話し合い、策を決めても、それを実行しないのであれば効果があるはずがない」と怒りを爆発させた。一説にはこの会議で李は、机を叩くほど激高したという。

会議の成果は、李が不作為を「新たな腐敗」と呼んだことだった。

およそ官僚であれば、地方であってもほとんどは党員である。規律違反で党員を裁く場合、法律ほど煩雑な手続きを要しない。身柄拘束の手続きも簡単だ。つまり、不作為が新たな腐敗と規定されれば、取り締まる側の判断で規律違反を問う手続きに入ることができるのだ。

ここに習と李が、それぞれの方法で腐敗と対峙する体制が整った。

前述のように「現代の東廠」とも称された党中央隷下の中央巡視組と、中央政府率いる国務院督査組が、互いのスキマを埋めるように官僚を取り締まる形が整えられていったのである。

習と李の本当の関係はどのようなものだったのか？

もっとも、この時期、李が習の政治スタイルを全面的に受け入れていたのかといえば、そうではなかったはずだ。

なぜなら、国務院総理として大きな権限を持っていた経済政策について、習はそれを李から取り上げるような動きをしていたからだ。

２０１３年11月、３中全会（中国共産党第18期中央委員会第３回全体会議）で産み落とされた「全面深化改革」という概念に基づき、党中央に「全面深化改革領導小組」（以下、改革小組、後に委員会となる）が設立された。以後、経済運営のさまざまな権限をそこに集中させていったのだから、李克強がこの動きを快く思っていたとは到底考えられないのだ。

ただし、改革小組が経済政策の決定において大きな存在感を発揮したのは、「国改」との絡みがあったからであり、査察と国改の出来が、新たな経済政策の策定と切っても切れない関係であったことが影響している。

ただ、そうだとしても改革小組が、2016年から始まる「第13次5カ年計画」の策定にまで首を突っ込んでくるとなれば、李が面白いはずない。

さらには先述したように、李の出身母体である共青団に対し、習は一貫して権力から遠ざける動きを繰り返していたのだ。李の習に対する思いは複雑だっただろう。

党総書記と国務院総理は、それ自体をライバル関係ととらえ、党を二分できるほど力は等しいものではない。だが、習が進める政策を陰に陽に妨害しようと思えば、十分できる立場ではあった。

李がそうはせず、督査隊をフル回転させて地方官僚のサボタージュと対峙し、反腐敗キャンペーンの逆風を取り除いたのは、李の性格や人柄からだけでは説明できない。

そこには、党中央内部での合意があったはずなのだ。

では、そもそも「党中央」とは何を指すのだろうか。

最初に思い浮かぶのは、権力の頂点に集う政治家たちの集団だろう。また、有能な官僚グループの頂点かもしれない。いずれにせよ、共産主義を実現するという物語を共有する政党の指導グループであり、何よりも重要なのは運命共同体という観点だ。

習近平が自ら述べているように、共産党員であることは信仰である。党に属し、かつ党員として評価されたいと望む者は、共産主義とは無縁のまま一生を終える国民とは、感覚を共有しているとは言い難い。ましてや、西側社会の価値観のなかで生きてきたのであれば、彼らに共産党的な思考などできるはずはない。その大きな乖離（かいり）を意識することから始めなければ、中国政治の分析は成立しないのだ。

ところが、西側のメディアは、共産党の上層部の一部に対し西側的価値観を本音では肯定しているとする見方にこだわっている。

なぜ、あらためてこのギャップを持ち出すのか。

理由は簡単である。われわれはつい、世界的な価値観、たとえばノーベル賞の受賞などを普遍的な価値観として、中国共産党員も等しく共有していると勘違いしがちだ。だが、彼らにとって、ノーベル賞よりはるかに重要なのは、共産党員としての党内の評価だ。それは、暗黒の近代史のなかで、帝国主義の侵略から中国を救うために若き命をささげた多くの革命家たちの物語の結実でもあるからだ。

党の烈士たちが眠る八宝山革命公墓に眠りたいとか、最期に立派な共産党員だったと称えられたいという願いを理解することは、異なる宗教に帰依した人間同士の距離よりも遠いかもしれない。

重要なことは党中央のメンバーともなれば、みな同じ船に乗る同志であり、運命と物語を共有しているということだ。

もし共産党という船が沈めば、たとえば天安門事件のような、これまで封印されてきた党への批判が、堰を切ったようにあふれ出す。そうなれば、歴代の指導者から末端の党員に至るまで、〝大衆の敵〟として攻撃に晒されかねない。

つまり、共産党員にとって、意見の違いや小さな齟齬を党内で消化するメリットは明らかなのだ。

日本のメディアでは、常に江沢民と胡錦濤、そして習近平という三つ巴の争いが絶えないように描かれてきた。しかし、実際に中国国民が中国共産党を見た際に目にしてきたのは、各時代の指導者たちがそれぞれの役割を果たしながら中国に経済発展をもたらし、貧困者を激減させて「小康社会」（ややゆとりのある社会）を実現するという長期目標を達成した姿だ。

この間、少なくとも胡が江の、習が胡の時代の政策を公式な場で否定したことはなく、党の団結も表面上は保たれてきた。習近平も重要講話のたびに、「毛沢東思想」から「鄧小平理論」、「三つの代表」（江沢民）、「科学的発展観」（胡錦濤）まで、漏らさず言及し続けてきた。これを形式的であるとか、欺瞞（ぎまん）であると切り捨てるのは簡単だ。

だが、三つの代表から科学的発展観を経て、習近平の「新時代の中国の特色ある社会主義思想」に至るまで、党内に断層は見られない。それは、人事の面からも明らかだ。

キーパーソンは王滬寧（ワンフーニン）（常委、序列4位。1955～）である。

鄧小平、江沢民と習近平を結ぶ1本の道筋

江沢民、胡錦濤、そして習近平に至るまで、各指導者はそれぞれの治世に〝名〟を与えてきた。この作業において、思想面から政治に大きな影響を与えたとされるのが、王滬寧である。

上海の名門・復旦（ふくたん）大学法学院院長から中央政策研究室へと転身した王が、外国メディア

の注目を集めたのは、その存在が学者から大統領補佐官、国務長官へと転身した戦略家、ヘンリー・キッシンジャーを彷彿とさせたからである。寡黙な王が何を考えているのか。中国政治の分析にかかわる各国の政治家たちは興味津々で近づいたが、王はパーティーの席でも人と距離を取り、親しく語り合うことは滅多にない。

　王が対外政策に絵を描いていると指摘されるようになったのは、江沢民時代のことだが、その後は外交の枠を出て、指導者の重要講話の草稿にもかかわるようになっていった。3代の指導者に仕えた王は、実は現最高指導部メンバーのなかで、最も長く党の中枢で仕事に携わってきた人物でもある。

　つまり習近平にとって、王は自分以上に党中央を知る人物であり、場合によっては遠ざけたくなるような煙たい存在だったはずだ。もし習が、江や胡と微妙な関係であれば、なおさら前政権の息のかかった人物を敬遠したくなったことだろう。だが王は、胡錦濤時代と習近平時代を通じて重用されることはあっても、決して遠ざけられるということはなかったのである。

　共産党は、中国で政権を握り続けることを大きな目標とする組織だ。そして1988年9月に開かれた第13期3中全会以降、権力基盤の安定のために発展が不可欠だとの考えを固めてきた。

この軸が今日まで揺らいだことはない。だが、ただやみくもに発展すればいいという時代が終焉を迎え、党は試練にも直面した。胡錦濤時代の後期である。そこで党は、政策の調整を迫られた。

王が深くかかわって生み出された科学発展観は、社会の発展とともに「和諧（わかい）」（調和）を求めた。格差や汚職、そして環境破壊が深刻化し、臨界点を迎えているとの認識が党中央にあったからだ。

では、党の意志を受けて危機に立ち向かう役割を誰に託すのか。

習近平にその命が下されたメカニズムについては、はっきりとはわからない。だが、プロセスとして現役の指導層からOBを含めた党幹部の推薦を受けた、たくさんの候補者がリストアップされたことは間違いない。

おそらく習近平は、元最高指導部メンバーの賈慶林（ジアチンリン）（元常委、全国政治協商会議主席。1940〜）の推薦を得たと考えられている。賈と習は、福建省で長らく上司と部下の関係にあった。

賈は1985年の福建省副書記を入り口に96年までの11年間、習も同じく85年の厦門市副市長から17年間、福建省で執務している。実は、習は福建省時代にスピード出世を遂げた。賈は当時の福建省において、組織（人事）部系列で大きな力を持っていたとされる。

習が中央に引き上げられる過程で賈が果たした役割は、天安門事件の混乱のなか、江沢民を鄧小平に推薦した汪道涵（ワンダオハン）（元上海書記、市長、中央顧問委員会委員。1915〜2005）に似ているのではないか、と思われる。

賈の経歴を見ても、その前半にきらりと光る実績はない。そんな賈の運命を激変させたのは、江と同じく天安門事件である。賈は第一機械工業部時代（1962〜69年）に江沢民と深い関係を築いたとされる。鄧小平の一本釣りで北京に上った江沢民が自らの基盤を固めていくなかで、自分と親しい人材を登用した際に賈にも声がかかったのだ。

江沢民が強いリーダーへと脱皮したのは、「北京のドン」こと陳希同（チェンシートン）（元北京書記。1930〜2013）との権力闘争に勝利してからのことだ。陳を追い落とした後も北京には、まだ多くの陳のシンパがいるとされ、首都の立て直しと同時に陳の残党整理が急務になっていた。そのとき、江がこの難しい仕事を託したのが賈だったのである。このことから、江がいかに賈を信頼していたかがうかがえる。

もちろん、だからといって賈の一言だけで、習の抜擢が決まるわけではない。党内選抜のテーブルは、さまざまな幹部から推薦された有望な候補者のリストで埋まっていたはずだからだ。

すでに書いたように、習近平のこの10年のドラスティックな政策は、ほとんど浙江省書記時代に、そのルーツが見られる。前述した『浙江日報』の連載をまとめた『之江新語』を読めば、それがよくわかる。これを当時の最高指導部メンバーや長老が評価したとすれば、いろいろなことが腑に落ちるのだ。

習が指導者になり、党内基盤を固める間もなく、社会に大ナタを振るうことができたのも、党中央のバックアップがあったと考えたほうが理解しやすい。

このことは換言すれば、党員の規律の立て直しは党自身が渇望した変革であって、そのために最適だと考えられた人材こそが習近平であり、彼がその仕事をやり遂げるために与えられたのが「核心」という地位であり、また「科学的トップダウン設計」（2021年の「歴史決議」の解説で使われたワード）という名の権力集中だった、という見方が成り立つのである。

第4章

中国が着々と構築する新たな世界的枠組みの実態

理由
4

～ポスト戦後の「合従連衡戦略」～

中国が世界中から嫌われているというのは真実なのか。ロシア・ウクライナ戦争との本当の距離感、BRICS・SCOなど新たな国際機構の実情をつぶさに見ていくと、戦後70年以上続いた世界秩序とは異なる未来が見えてくる——

「中国にアフリカの資源を渡さない」

これまでは主に国内政治の視点から中国を見てきたが、最後に世界のなかで習近平指導部が、中国をどう位置づけようとしているか、について考えてみたい。

2022年、国際ニュースの衝撃度を調査すれば、間違いなくトップにランキングされるのは、2月24日のロシアによるウクライナ侵攻になるだろう。まずは、中国の露烏戦争へのスタンスについて見ていこう。

これも例外なく大国間の競争と切り離しては考えられない。

ベースは米ロの対立であり、その延長線上には米中の対立がある。いま、国際社会を不安定にさせるさまざまな問題のほぼすべての底流には、このふたつの対立があるといっても過言ではない。

ひとつの超大国とふたつの大国の相克(そうこく)は、ロシア・ウクライナ戦争を境に「民主主義VS専制主義」という対立構図が、ますます強調されるようになった。

2022年12月13日、バイデン大統領はワシントンで、アメリカ・アフリカ首脳会議を開催し、今後3年間で総額550億ドル（7兆5000億円）をアフリカ支援向けに拠出するとぶち上げた。アフリカで存在感を高める中国に対抗し、かつ資源を独占させないための策であることは明らかだった。

アフリカとの関係強化についてブリンケン国務長官は、「コンゴ民主共和国は世界のコバルトの70％以上を生産。ザンビアはアフリカで2番目のコバルト生産国で6番目の銅生産国だ。重要な鉱物に対する世界の需要は今後数十年間、急増する」と発言している。

要約すれば「中国にアフリカの資源を渡さない」ということだ。

このニュースを報じたアメリカ公共ネットワークPBSの番組「ニュースアワー」のキャスター、ジュディ・ウッドラフが会議を取材した記者に対して、「この会議には、アメリカが民主主義の価値観に合わないとしてきた国の指導者も招いているのですね？」と冷静に指摘したとおり、あからさまなダブルスタンダードだった。

同じことは、インドを「価値観を共有する国」と呼ぶことにも当てはめられる。

ヒンドゥーナショナリズムの傾向を強く帯びた首相をトップにいただき、イスラム教徒との対立を抱え、ボリウッド映画への表現の制限を強い、カシミール地方の自治権をはく奪するなど、インドの政策には専門家でなくとも突っ込める要素が満載なのだ。

つまり、いま起きているのは、信念、イデオロギーの対立ではなく、敵の敵は味方であり、利害が絡めばたちまち吹き飛んでしまうような「価値観の対立」なのだ。

中国のキッシンジャーとなる王滬寧

習近平指導部にはいま、当然のことながらアメリカに対する警戒と嫌悪があるが、共産党自体には、伝統的にアメリカに対する親近感と尊敬がある。その尊敬を具現化し人格化した人物こそ、ヘンリー・キッシンジャー元米国務長官だ。キッシンジャーが米中の国交正常化の道を開いた功労者だからではない。戦略家としてのキッシンジャーの能力を高く評価し、〝難敵〟ながら話のできる相手と認めているのだ。

共産党指導部が王滬寧という学者出身の政治家を求めたのも、キッシンジャーを有するアメリカ政治を範とした可能性が高い。

この稀代のアメリカ人戦略家は、かつて世界の覇権についてこんな言葉を残している。

「石油を制する者はすべての国家を支配し、食料を制する者は人類を支配し、通貨を制する者は世界を支配する」

中国外交に携わる者が抱くアメリカのイメージに、大きく影響を与えている言葉だ。事実、ドル支配は言うまでもなく、シェールガス革命が起きる前までのアメリカの中東へのこだわりとコミット、そして農産品の輸出にかける情熱は、この言葉を裏づけていると言って間違いないだろう。

中国が、この視点に立ってロシア・ウクライナ戦争を見れば、それはアメリカのエネルギー・食糧覇権に対するロシアの挑戦の結果と映る。そして、この戦争は早晩起こるべくして起きた戦争であり、衝突のエネルギーは最も脆弱(ぜいじゃく)な場所から噴き出したということになる。

アメリカの食糧覇権への挑戦という意味で、ウラジーミル・プーチン大統領のロシアはきわめてアグレッシブだった。

そもそも世界の食糧は、穀物メジャーとも呼ばれる4社（アーチャー・ダニエルズ・ミッドランド＝ADM、カーギル、ブンゲ、ルイ・ドレフュス）が穀物の全流通量の80％を支配しているとされ、いずれもアメリカの企業か、もしくはその資本が深く入り込んだ企業だ。

レーガン政権で農務長官を務めたジョン・ブロックは、かつて「食糧はひとつの武器」と発言したことがあり、示唆的だ。

一方のロシアは、プーチン大統領の下で農業生産が大きく伸びた。

２０１７年、プーチンは「われわれは１５０カ国以上の国に農産品を輸出しており、初めて農産品の輸出額が武器の輸出額を超えた」と述べ、農業分野でのアメリカへの対抗姿勢を鮮明にした。プーチンは過去20年間で、徹底してロシアの農業生産国としての地位を引き上げてきた。農業の発展が「プーチンの秘めたる勝利」と呼ばれるのは、このためだ。

２０２２年2月24日、ロシアがウクライナに侵攻して間もなく、世界の食糧事情がひっ迫した。そして人々は、ロシアとウクライナがともに、世界にとって重要な農産品の供給地であったことを知ったのは象徴的だ。

同じようにプーチンは、エネルギーにおいてもアメリカの覇権に挑んだのである。

ロシアは石油輸出国機構（ＯＰＥＣ）との協力関係を強化すると同時に、ヨーロッパまでわずか1週間でエネルギーを届けられるという地理的な優位を生かして、この分野でも存在感を高めた。

アメリカが、ヨーロッパにロシアの天然ガスを運ぶパイプライン「ノルドストリーム」を目の敵（かたき）にしてきたことは記憶に新しい。ノルドストリームⅡの工事を中止しろと迫るドナルド・トランプ大統領に対し、ドイツのアンゲラ・メルケル首相がそれを無視するという、ふたりの反目は米欧の齟齬を表していた。

実は、食糧とエネルギーでアメリカの地位を脅かそうとすることは、もうひとつの武器であるドル支配をも揺るがす大問題だった。というのも1970年代、リチャード・ニクソン大統領による金とドルの兌換（だかん）禁止というブレトンウッズ体制の崩壊以来、ドル支配を支えてきたのは石油と食糧取引でのドル決済だった。ロシアがそこに大きく踏み込むことは、ドルを頂点に食糧とエネルギーが等辺で支える〝鉄壁の三角形〟を崩すことにつながりかねない大問題だったのだ。

何とかして、この局面を大きく転換しなければならない。

こうしてアメリカが焦燥感を深めるなかで火を噴いたのがロシア・ウクライナ戦争だった、というのが中国から見たウクライナ問題のポイントのひとつだ。

ちなみに、ロシアが食糧とエネルギーで引き起こしたアメリカとの対立は、中国が〝産業のコメ〟である半導体と通信、そしてハイテク産業でアメリカのアドバンテージを脅かしたことと相似する問題だ。

開戦前からアゾフ大隊に注目していたＣＣＴＶ

さて、こうした日本ではあまり報じられない大国間競争のベースを踏まえ、ロシアによるウクライナ侵攻を中国がどう受け止めたのかについて、さらに少し詳しく見ていくことにしよう。

まず、日本人がロシアによる侵攻に示した反応と決定的に違っているのは、北大西洋条約機構（ＮＡＴＯ）の東方への拡大にロシアが強い危機感を持っていたことに理解――侵攻を肯定したという意味ではない――を示した点だ。

そもそも日本人が、こうした中国の理解を鼻であしらうほど中国とウクライナの関係は浅いわけではなく、中国メディアがこの問題を扱う頻度も日本よりはるかに高かった。

たとえば、ロシア侵攻の１カ月前の中国中央テレビ（ＣＣＴＶ）だ。２０２１年末から年明けにかけて比較的大規模な砲撃が起きたことを受け、ウクライナ側の兵士に密着したドキュメンタリー番組を制作しているのだが、その番組においては、民間人を軍事訓練する民兵組織「アゾフ大隊」の兵士の様子も描かれていたのだ。まるで、アゾフ大隊らが深くかかわる大規模な衝突が避けられない未来を予見するような、出色の内容だった。

その他にも、ロシアによる侵攻前の２０２1年4月、ウォロディミル・ゼレンスキー大統領が「ミンスク合意」（ウクライナ東部の紛争をめぐる和平協定）の履行が難しいと発表したことや、8月に訪米してロイド・オースティン国防長官と会談したこと。さらにそれからわずか2カ月後の10月、同長官を今度はウクライナで迎えると、武器や弾薬が次々とキーウに運び込まれた様子などもカメラに収めていたのだ。

また、欧米の国々がウクライナの兵士を訓練する映像に加え、ウクライナがリトアニア、ポーランドと3カ国連携の枠組み「ルブリン・トライアングル」を立ち上げロシアに対抗する姿勢を鮮明にしたこと。加えて、ロシアを意識して黒海沿岸にふたつの海軍基地を新設する計画をぶち上げたり、ジョージアやモルドバとの連携さえ模索する動きまでも、同番組では詳細に報じられていたのだ。

日本では「陰謀論」だと一蹴されかねない見方かもしれない。だが、そうした情報に接してきた中国人の目に、2月24日は「２０１４年のマイダン騒動、ロシアのクリミア併合、ドンバス地方の独立以来、8年間続いてきた衝突が、いよいよ制御不能に陥った」と映った。また、その原因の一端はアメリカとＮＡＴＯ、そしてゼレンスキー政権にもあると感じたのは不思議なことではない。

しかも、こうしたNATOの東方拡大がロシアを追い詰めるという発想は、中国のオリジナルではない。アメリカの外交官で対ソ封じ込め政策を立案し、レーガン政権が冷戦に勝利する素地を築いた立役者、ジョージ・ケナン元駐ソ連大使が警告してきたことだ。またキッシンジャーもその危険性を指摘してきた代表格である。

ロシアの反対を押し切って中国に空母を売却したウクライナ

これに加えて中国には、ロシアと共有できる「対米不信」がある。

たとえば、2004年から翌年にかけて発生し、ウクライナに親欧米政権を誕生させたオレンジ革命だ。中国人の目に、これは平和的手段を使った政権転覆、いわゆる香港の民主化デモの弾圧やウイグル族への人権侵害など、中国の弱点を利用して仕掛けられる「和平演変（フーピンイエンビエン）」の動きと重なるのだ。

中国は、かねてから中央情報局（CIA）の〝別働隊〟とも称される「全米民主主義基金」（NED）から、香港やウイグルの運動団体に資金が提供されている証拠などを公開して反発してきた。

２０２２年２月４日、北京冬季オリンピックに参加するために訪中したプーチンと習近平が発した共同声明のなかで、「カラー革命反対」と「ＮＡＴＯの東方拡大反対」が明記されているのは、このためだ。

ただ、この蜜月アピールは、ロシアへの批判が国際社会で強まるのに合わせて中国のイメージを悪化させていった。

とくにメディアは、中国に対し「プーチンから侵攻を打診され、オリンピック後にしてほしいと頼んだ」「ロシアの戦争を裏で支援している」「あいまい戦略でずるく立ち回っている」といった――いずれも根拠のない――非難を浴びせかけた。また、中ロをひとくくりに「独裁政権は戦争を発動する危険性が高い」と、政治体制にも攻撃の矢を向けた。

皮肉な話だが、落ち着いて考えればわかるように、戦後、最も多くの戦争を発動したのは民主主義国のリーダーを自負するアメリカであり、しかも、その数は突出している。少なくとも中国は、１９７９年の中越戦争以後は実戦の経験がない。ゆえに、そのことをもって解放軍は「弱い軍隊」とも揶揄されてきたのだ。

中国に対する先に挙げたような批判は、現実を反映したものではない。ロシア・ウクライナ戦争において中国はロシアの味方をしておらず、侵攻を事前に知らされていたという事実もない。

また、中国とウクライナの関係は深く、侵攻当日もキーウ工科大学に中国人留学生が130人以上もいた。そもそも中国初の空母「遼寧（リャオニン）」はもともと「ワリャーグ」という名で、ウクライナがロシアの妨害を押し切って中国に売却したものだ。さらに中国の強襲揚陸艦の生産も、ウクライナが受注している。両国は、軍事面でのかかわりも深いのだ。

中国に対し西側メディアが「ずるい」とか「ロシアと一緒に制裁しろ」と罵詈雑言（ばりぞうごん）を浴びせ続けたのとは裏腹に、当事国のウクライナはずっと中国に好意的である。

ドミトロ・クレバ外相は4月4日、「民間人の犠牲者との連帯について中国外相に感謝している」とツイッターに投稿した。4月26日、ウクライナ外務省は公式ツイッターに、同国を支援してくれた国々に対する感謝のメッセージ動画を投稿したが、そこに前のめりの支援をしてきた日本の名前がなかったのとは対照的だ。

ウクライナは中国に停戦へ向けた役割も期待していた。

3月21日、クレバ外相がツイッターを通じ「われわれは、ウクライナに対する戦争に政治的解決策を見いだす必要があるという中国の見方を共有している。中国に対しては、大国としてこの努力で重要な役割を果たすよう要請する」と表明。それに続き、4月1日には米FOXニュースのインタビューに応じたゼレンスキーも「ロシアと和平協定を結ぶ場合には、中国が安全を保障する1国として行動することを望む」と発言しているのだ。

軍事侵攻と対ロ制裁双方に突きつけた「NO」

こうした背景には、中国の姿勢が、実は西側メディアが思い込みで報じていたのとは違い、はっきりしていることがある。

中国は当初から侵攻には「NO」である一方、対ロ制裁にも「NO」の立場であり、態度はむしろ明確だった。

前者に関しては、侵攻翌日の2月25日、プーチンと電話会談した習近平が、「ロシアとウクライナが、交渉によって問題を解決することを支持する」と、婉曲（えんきょく）的ながら平和的解決を呼びかけている。

また同日の外交部の会見では、汪文斌（ワンウェンビン）報道官が「各国の主権と領土保全はいずれも尊重され、守られなければならない」と念を押すように述べていたのだ。

ロシアへの経済制裁に反対したことについて中国は、その理由を対米、対ヨーロッパのトップ会談の席ではっきり伝えている。

考え方のベースにあるのは「経済制裁は効果がない」ということだ。

60年以上アメリカの制裁下にあるキューバから、北朝鮮、イランまで、経済制裁の失敗例は枚挙にいとまがない。こうした国々への制裁が不発であれば、なおさらロシアに対して効果など期待できない。そんな自己満足に、なぜ世界がつき合わなければならないのか、というのが中国の姿勢だ。

対米、対ヨーロッパ、いずれのケースもほぼ同じ主張を繰り返している。少し長いが4月1日、EUのシャルル・ミシェル欧州理事会議長とウルズラ・フォン・デア・ライエン欧州委員会委員長とのオンライン会談における、習近平の発言を以下に抜粋しよう。

「現在の世界経済構造は、世界各国が長期にわたり努力して形成した枠組みだ。既存の世界経済システムに打撃を与えるようなことがあってはならず、ましてや世界経済を政治化、ツール化、武器化することで世界の金融や貿易、エネルギー、科学技術、食糧、産業チェーン、サプライチェーンに深刻な危機を引き起こすようなことがあってはならない。

こうした局面が国際経済協力の数十年の努力の成果をあっという間に破壊してしまう可

能性があることを、多くの人々が憂慮している。局面が悪化し続けると、その後の回復には数年から十数年、さらには数十年もかかる可能性がある」

要するに、効果のない経済制裁をして世界経済の基盤を破壊してしまえば、取り返しがつかないことになると、警告しているのだ。

中国がアメリカに提案した戦争の解決策

中国のこうした主張は、ウクライナ支援の情緒的な気分にあふれた世界では異質だが、一方で解決策を放棄したことを意味するものでもない。事実、中国はバイデンに具体的な解決策を提案している。

バイデンがプーチンと直接話し合うことだ。

習近平は3月18日の米中首脳オンライン会談で、「一个巴掌拍不响（イーガバージャンパイブーシャン）（ひとつの手だけでは音は鳴らない＝争いは一方だけでは起きない）」「解铃还须系铃人（ジエリンハイスーシリンレン）（鈴をつけた人が鈴を取るべき＝当事者が解決するしかない）」とアメリカの責任を問うている。つまり、効果のない制裁に世界を巻き込んで既存の経済システムを破壊し、人々の生活を疲弊させるよりも、当事者であるアメリカがさっさとロシアと話し合うべきだ、と言っているのだ。

西側メディアが批判する「曖昧な態度」どころか、かなり一貫した考え方と行動を中国は示し続けてきたのである。

ただし、中国がいくら発信しても、西側メディアが耳を貸すことはほとんどない。だから、多くの人々の頭のなかでは、いまだに中国は「ロシアとの友好関係のために、のらりくらりと制裁をかいくぐっているズルい国」のままなのだ。

実はこれこそが、アメリカが備えている強烈な〝宣伝力〟であり、「民主主義」という看板で手に入れた〝信用力〟なのだ。

もちろん、だからといって世界に中国の理解者がいないわけではない。むしろ、西側世界の人々が中国に対して抱く違和感は、逆に新興国や発展途上国の指導者層にとっては、納得がいく部分なのだ。

そして中国も、いまやそのことを意識し、自信を深めている。

中国の主張に一定の〝共感力〟が備わっていることは、対ロ制裁での世界の反応からも浮かび上がってくる。

ロシア侵攻から約1カ月後の時点で、具体的にロシアへの制裁に踏み込んだ国がどれだけあったか。実は国連に加盟する約190カ国のうち、わずか50カ国弱でしかなかったのだ。残りの140カ国は慎重な姿勢だった。

いったい、なぜそうなったのか。大国・ロシアへの単純な遠慮もあるはずだ。だが、やはり大きいのは経済への影響――具体的にはエネルギーや農産物――だろう。

エネルギーや農産物――そして、その生産に必要な肥料――という視点から見たとき、既述したようにロシアが輸出大国であることは周知の事実だ。その影響力の大きさは、日本のように伝統的にロシアを警戒してきた国でさえ、戦争前は輸入原油のうち約6%を、輸入天然ガスのうち約9%をロシアから輸入してきたというデータからもわかるだろう。

ロシア侵攻で日本が対ロ制裁に踏み切ると、間もなく「サハリン1」と「サハリン2」がターゲットになったのは記憶に新しい。

エネルギーや食糧の確保は、国家にとって死活的に重要な問題だ。そのため輸入先の選択肢は、多ければ多いほど、理想的である。だからこそ、ロシアに依存している国はもとより、現在はロシアに依存していない国も将来を考えると、ロシアとの関係を悪化させるのは避けたい。ゆえに、制裁の動きが鈍るのも当然なのだ。

アメリカがロシアの悪行を取り上げて制裁の正当性を掲げ、同調を強いれば強いるほど、中国の「積極的中立」や「脱『大国の対立』」に逃げ場を見つけようとする国が増えているのである。

国連で否決された新疆ウイグル問題への介入

同じように「民主主義か専制主義か、どちらかを選べ」という行為――この二択こそ不可思議であるが――も、そうした国々の共感を得られるものではないだろう。

価値観で団結する西側先進国に対して、多くの新興国や発展途上国が中国のスタイルに共感を覚えるのは、実はそこにあるのが「民主主義VS専制主義」の対立ではなく、「アメリカが合否を判定する民主主義VS民主主義かどうかではなく、とにかくいまは発展したい主義」であるからだ。

西側先進国に根づいた民主主義に価値があることは否定できない。しかし、それを国家権力が主導し他国に押しつけるとなれば、単純な正義の実現とは言えなくなる。きわめて政治的、かつ恣意的になるのが避けられないのだ。

本章の冒頭でアメリカ・アフリカ首脳会議を例にとったが、人権問題も少数民族問題も、世界に無数にある問題のなかから、西側が取り上げたいものだけを取り上げているのだ。

こうした事情が反映されたからなのか、国連の人権理事会では、西側先進国が中国をターゲットにさまざまな人権問題を俎上に載せてきたが、そのたびに圧倒的に多くの国々が中国の側に立って擁護するという現象が、ここ何年も続いてきた。

たとえば２０２２年10月６日、国連人権理事会第51回会合で、アメリカが主導した「新疆関連問題を討議する」草案に対する表決が行われた。だが、これは最終的に否決されてしまったのだ。

記者会見で、この問題を問われた中国外交部の報道官は、「多くのイスラム国家を含む１００近くの国々が、人権理事会や国連総会第３委員会（社会、人道、文化委員会）など公の場で、中国の新疆関連問題における正当な立場を支持し、新疆関連問題を口実にした中国への内政干渉に反対する声を上げ続けている」と応じた。

こうした否決の理由を日本のメディアは、「中国の経済力が高まり、それに頼りたい国が忖度している」と説明するのだが、それだけでいいのだろうか。

戦後の国際社会は、第２次世界大戦の反省から「国連」という〝安全装置〟を持つに至った。だが、これが完全ではないことは衆目の一致するところだ。世界が危ういバランスの渦中にあることは、ロシア・ウクライナ戦争がいみじくも示したとおりだ。

考えてみれば、国家がそれぞれ互いの領域主権を認め合い、相互の干渉を排した「内政不干渉」という原則は、国際関係史における最初期の安全装置であり、現代にも引き継がれている。

日本と中国が国交を正常化させる過程で発せられた日中共同宣言に、わざわざ相互内政不干渉がうたわれているのは、きわめて象徴的だ。

その内政不干渉の壁を「民主主義」や「人権」を掲げて簡単に踏み越えようとすることは、ただでさえ不安定な国家間のバランスを著しくかき乱す行為である。だからこそ、そこには一定のルールが必要であり、それを担保しているのが国連なのだ。国連人権理事会で導きだされた答えに従うのが、国際法を基準とした世界のルールだ。

国連人権理事会で、中国に勝利をもたらそうと動いた圧倒的多数の国々の動機のなかに、それぞれの国の国情を考えず、自分たちの価値観を押しつけて制裁まで発動する西側先進国への反発がなかったといえるだろうか。その点において、中国の価値観と共鳴していたということが、はたして否定できるだろうか。そして、そういった国を中国の仲間である「専制主義国家」と、ひとくくりにしていいのだろうか。

注目を集めたプーチンの予想外の対中発言

コロナ禍と大統領選挙で劇的に悪化した米中関係のなかで、アメリカの対中攻勢は急速に激しさを増した。

中国は、アメリカとその同盟・友好国が圧倒的に支配する世界のなかで、アメリカからの強烈な逆風を避ける術を早急に模索しなければならなくなっていった。そうしたなか、新興・発展途上国が中国に同調する姿勢を見せたことは、大きな追い風になっただろう。

2022年、中国は秋に党大会を控え「内政の1年」に踏み出したが、その矢先にロシア・ウクライナ戦争が勃発し、中国を取り巻く国際環境は目まぐるしく変化した。それでも中国は、5年に一度の20大に向けて、進んでいかなければならなかった。

そのさなか、外交のアクセルを思いきり踏み込んだのが、夏が過ぎた9月のことだ。おそらく毎夏、避暑地で行われる重要な「北戴河会議」が無事に終了し、人事を固めることができたタイミングだったはずだ。そして前半の大きな山場が、新型コロナウイルス感染症が広がって以降、初めてとなる習近平の外遊だった。

9月14日から16日にかけて、ウズベキスタンのサマルカンドで開催された上海協力機構（SCO）加盟国首脳理事会第22回会議（首脳会議）への参加である。ここは大方の予想どおり、大国間外交の大きな舞台ともなった。

なかでもメディアの関心を集めたのは、習近平とプーチンの会談だった。2月の北京冬季オリンピック開会式以来、7カ月ぶりとなる対面での会談であった。

ただし、注目を集めたのは会談そのものというよりも、プーチンの発言だった。プーチンは、「ウクライナ危機に関する中国のバランスのとれた立場の維持」に対して感謝を示した後、「ウクライナ危機に関する中国側の疑問や懸念を理解している。今日の会談でわれわれの立場を説明するつもりだ」と語ったのだ。

現地で取材していたイギリスBBCの編集委員は、やや興奮気味に次のようにレポートした。

「プーチンの『中国が軍事侵攻に疑問と懸念を抱いていることを理解している』との発言は予想外でしたが、重要な意味を持ちます。ロシアの指導者が突然、中国がロシアの軍事侵攻に気を揉んで心配していると、世界中に明かしたわけです。

これまで中国側が、公に発言してこなかった興味深く新しい内容です。そして、このことは、ロシアと中国のあいだに何らかの軋轢があることを示しているかもしれません」

シンガポールの政府系メディアＣＮＡも、プーチン大統領が「中国が軍事侵攻に疑問と懸念を……」と発言したことに注目したメディアのひとつだった。ＢＢＣ同様、中国がこれまで「ロシアのウクライナ侵攻を、とくに明白に非難することも支持することもしてこなかった」点を取り上げ、「（中国が）実は懸念を持っていたことが初めて明らかにされた」と解説したのである。

ごく当たり前の解釈をするならば、ロシアが中国を引き留めるために態度を軟化させたとなるのだろう。

だが、本書ですでに説明したとおり、中国はロシアとの友好関係は重視しつつも、ウクライナ侵攻に対しては最初から「ＮＯ」の立場であったのだ。

繰り返すが、ロシア侵攻の翌日にプーチンと電話会談した習近平は、「ロシアが話し合いによって問題を解決することを支持する」と武力行使にネガティブである立場を示していた。厳しい言葉ではないが、明らかに軍事力の行使を歓迎してはいない。

さらに習近平は、「冷戦時代の考え方を捨てて、各国の合理的な安全保障上の懸念を尊重し、協議を通じてバランスのとれた効果的で持続可能なヨーロッパの安全保障メカニズムを形成する必要がある」という提言も行っていたのだ。一方的にロシアの行為を否定する西側スタイルとは異なるのでわかりにくいが、武力による解決には常に否定的だったのである。

中国外交部報道官も、「侵攻が起きて以降、最初に会談し平和解決を呼びかけたのが習近平だ」と、半ば不本意な様子ながら繰り返していた。

もはや世界最大級の地域機構となったSCO

ただ、9月のSCOにおける中ロの首脳会談に注目が集まったのは、実は中国にとって狙いどおりの反応であったかもしれない。

着目すべきは、プーチンの以下の発言だ。

「SCOは世界最大級の地域機構で、国際的な問題解決への役割が大きくなっている」

キーワードは言うまでもなくSCOであり、世界を驚かせる発信ができれば、それだけSCOの存在感を高められるという狙いがあったと考えられるのだ。

このプーチン発言は、習近平の「外部勢力による『カラー革命』を導こうとする試みに警戒し、いかなる理由による他国への内政干渉にもともに反対しよう」という呼びかけに答える形で発せられている。その点も見逃せない。

内政干渉を跳ね返すひとつのツールとしてSCOを位置づけた、とも読み取れるからだ。つまりアメリカを意識し、欧米への対抗軸としてのSCOにおける相互支持の拡大なのだ。もちろん多くの日本人にとって、SCOなどなじみのない組織だ。そんなもので欧米に対抗するなどと言われても、なおさらピンとはこないだろう。

SCOは1996年、中国・ロシア・カザフスタン・キルギス・タジキスタンの5カ国が上海で開いた首脳会議「上海ファイブ」を源流とする。

2001年の創設当初は、旧ソ連の崩壊により、中央アジアやコーカサス地方（アゼルバイジャン、アルメニア、グルジア〈現ジョージア〉）の国境が不安定になるなか、この地域での中ソの影響力を調整するための機構だと考えられていた。その後、2017年にインドとパキスタンが加わり、人口、面積の点で世界的にも大きな存在感を示すようになっていくのである。

現在、SCOは世界最大領域（ユーラシア大陸の5分の3以上）、世界最大人口（世界の半分近く）を擁する総合的な地域組織となり、GDPは世界全体の20％を超えている。さらにＢＲＩＣＳ（ブラジル、ロシア、インド、中国、南アフリカ）から、ブラジルと南アフリカがＳＣＯに加盟申請するのも時間の問題と言われているのだ。

事実、中ロ首脳会談において習近平は、「双方は上海協力機構、アジア相互協力信頼醸成措置会議（ＣＩＣＡ）、ＢＲＩＣＳ諸国などの多国間枠組みにおける協調と協力を強化し、各方面の団結と相互信頼をより推進し、実務協力を拡大し、地域の安全保障上の利益を守り、広範な発展途上国と新興市場国の共通利益を守らなければならない」と言及している。

このように、習近平がコロナ禍後で初めての対面外交を再開する場所としてＳＣＯを選んだのは、きわめて戦略的な理由があったからなのだ。

プーチンの発言に話を戻せば、これをＳＣＯ開催のタイミングと合わせた意図は明らかだ。この直前の9月上旬には栗戦書がウラジオストク入りし、プーチンと会談したのも意味深だ。プーチンが、中国共産党序列ナンバースリーの栗との会談で、話題を呼ぶような発信をしなかったのは、栗の役割がＳＣＯでのトップ会談に向けた〝地ならし〟であったことを示唆している。

プーチンはまた、同じタイミングで行ったインドのナレンドラ・モディ首相との会談において、「いまは戦争をする時代ではない」というモディの苦言に対し、「できるだけ早期に戦争を終結させる努力を行う」と、従来にはない柔軟な一面をのぞかせた。

これらがすべてＳＣＯの性格づけに資するものだったと言ったら、言いすぎだろうか。

中国は、かねてＮＡＴＯとＳＣＯを比較し、ソ連崩壊後の不安定化した地域で、平和的に利害を調整し、安定をもたらすことができたのはＳＣＯのほうだったと主張してきた。

つまり、中国にとってＳＣＯを大切に育てることこそ、米中対立をにらんだ重要な世界戦略だったのだ。

南米から中東へと広がるアメリカ離れの現実

ただし、ＳＣＯはアメリカに対抗するための組織ではない。むしろアメリカからの圧力をかわすためのシェルターである。現在、アメリカから制裁を受けている国だけでなく、今後そのターゲットになる可能性のある国が、ひとつの保険として確保しておきたい枠組みなのだ。

その意味で、注目すべき動きがアメリカの裏庭でも見られた。

６月９日、米ロサンゼルスで開かれた米州機構（ＯＡＳ）の首脳会議に参加予定だった全35カ国のうち、メキシコなど8カ国の首脳が、会議をボイコットする異例の事態に陥ったのだ。理由は、バイデン大統領が反米左派のキューバ、ベネズエラ、ニカラグアの3カ国を「民主主義の価値観に合わない」と会議に招かなかったことに反発したためだ。

メキシコのアンドレス・マヌエル・ロペス・オブラドール大統領は、以前よりアメリカ主導のOASに代わる、より独立した組織の必要性を提案していた。その具体的な組織として期待しているのが、「ラテンアメリカ・カリブ諸国共同体」(CELAC)だ。実は、このCELACに積極的に出資しているのが中国なのだ。

そして2022年11月3日、アメリカがキューバに対して科している禁輸措置を解除すべきかを問う裁決が国連で行われ、反対わずかに2カ国(アメリカとイスラエル)という大差で解除が支持されたのだ。棄権したのもたった2カ国だった。

メディアは「アメリカの影響力の低下」と書き立てた。だがこの結果は、むしろ制裁を振り回すアメリカに対する消極的な抵抗の現れだろう。

同じようなアメリカの〝不如意(ふにょい)〟は、中東地域でも顕著になった。震源地はサウジアラビアである。

シェールガス革命によりエネルギーの純輸出国になって以降、アメリカの中東に対する関心は薄れていった。そうしたなか、サウジアラビア出身のジャーナリスト、ジャマル・カショギ氏の殺害にサウジアラビアがかかわったとされる問題をめぐり、バイデン大統領と同国のあいだには深刻なスキマ風が吹いていた。

そこに欧米を襲ったインフレ解決策のひとつとして、アメリカはサウジアラビアを中心とする産油国に石油の増産を迫った。ところが、サウジアラビアで大きな存在感を示すムハンマド・ビン・サルマン皇太子は、バイデンの要求した原油増産をけんもほろろに拒否。しかも、それだけにとどまらず、２０２２年10月のＯＰＥＣ内外の主要産油国で構成する「ＯＰＥＣプラス」で、大幅減産を決定したのだ。

当然、アメリカ議会を中心に報復論が高まり、加盟国の在米資産凍結案まで飛び出すまでにヒートアップしたのだった。だが、ＯＰＥＣプラスを実質的に率いるサウジアラビアは、むしろ確信犯的に減産を行ったとも考えられる。

実は、減産に先立つ7月15日に行われたバイデンとサルマン皇太子の会見に関して、ＣＮＮは〈サウジ皇太子、カショギ氏殺害事件でバイデン氏に「反論」〉という記事で次のように報じていた。

「バイデン氏がカショギ氏殺害事件を持ち出したのに対し、ムハンマド皇太子はイラクのアブグレイブ刑務所での米軍兵士による囚人への性的・身体的虐待や、5月にヨルダン川西岸地区でパレスチナ系米国人ジャーナリスト、シリン・アブアクレ氏が殺害されたことを米国の非として挙げた」

つまり減産より前から、アメリカとサウジアラビアの対立は、すでに深刻だったと考えられるのだ。

サウジと中国が引き起こす世界金融の一大変化

一方12月8日、サウジアラビアを訪れた習近平は国賓として歓待され、サウジ国営通信によれば1100億リヤル（292億6000万ドル）超に相当する投資協定に調印したという。しかも、この契約には、アメリカが排除に力を入れる華為科技（ファーウェイ）とのハイテク複合施設建設も含まれていたというから皮肉だ。

一方の中国も、サウジアラビアを皮切りに行ったアラブ諸国との関係強化がよほどうれしかったのか、年末にCCTVが選ぶ「2022年の国内・国際十大財経ニュース（＝10大ニュース）」のなかで、「初めての中国・アラブ国家サミット開催」が3位にランクインしたと報じた。10大ニュースの１位は、当然のことロシアのウクライナ侵攻で、２位が、ＡＳＥＡＮ加盟10カ国と、日本を含むそのＦＴＡパートナー５カ国との地域的な包括的経済連携、いわゆるＲＣＥＰ（アールセップ）の締結だったことからも、喜びの大きさが伝わってくる。

もちろん、このことをもってアメリカの中東地域での影響力低下と断じることは早計だ。だが、ＯＰＥＣプラスの出方次第でアメリカの怒りを買えば、「在米資産の凍結」という制裁の声が盛り上がることに対しては、産油国は少なからず警戒心を刺激されたはずだ。

ロシアのウクライナ侵攻によって、２０２２年の世界は戦争が身近であることを知った。しかし、それと同時に世界は欧米からの制裁対象になれば、自国の在外資産が凍結されるうえに没収され、ドル決済からも排除される危険があることも知ったのである。

日本のように、アメリカをはじめとする西側先進国と良好な関係を築いている国には憂慮すべきことではないかもしれない。だが、大半の新興・発展途上国にとって、これが大きな憂いとなったのは間違いない。

資産の没収については、アメリカのジャネット・ルイーズ・イエレン財務長官でさえ「合法とは言えない」との見解を示しているが、現実になる動きは、カナダが２０２２年末にロシアの新興財閥（オリガルヒ）の資産を差し押さえたことで始まった、と受け止められている。

同じように米軍が撤退してタリバン政権が戻ってきたアフガニスタンは、中央銀行のドル資産がアメリカに差し押さえられ、「9・11事件」の被害者に分配されるという話になっているのだ。

すでに述べたように、アメリカが掲げる民主主義には一定の求心力があり、それによって実現された「人権」や「言論の自由」には尊ぶべき価値がある。

だが、利益相反が起きたときのアメリカは、そうした一面だけで判断していい国ではなくなるのだ。

アメリカから敵視された経験を持つ国にとって、SCOが国際社会における〝シェルター的な空間〟となるのであれば、それに強く惹きつけられても不思議ではない。

現状では単なる頭の体操でしかないが、もしSCOに今後、BRICSにとどまらず南米のCELACや産油国のOPECプラスの国々まで、雪崩を打って加わるような事態になれば、どうだろうか。

本章の冒頭の話題に戻れば、SCOの加盟国間だけでもエネルギーと食糧の巨大な取引が成立する可能性は十分ある。戦後、ブレトンウッズ体制が崩壊した後のドル支配を支えたのは、石油取引であることはすでに触れた。それは、すなわちサウジアラビアとの石油取引であった。

もしSCO内部で、ドルに代わる別の通貨での取引が少しでも進めば、ドル支配に翳り(かげ)が見えてくることは避けられないのだろう。

そんな可能性を秘めたSCOの拡大を含め、今後もその動向からますます目が離せなくなるのではないだろうか。

おわりに　中国を二分する危険がある新たな「南北問題」

Ａ４サイズの白紙を手に若い男女が集い、無言で何かを訴える「白紙デモ」が中国で話題となったのは２０２２年11月下旬のことだ。目的はゼロコロナ政策への抗議である。マイクを向けられたデモ参加者たちは「私たちは自由に行動したいだけ」と答え、上海の街頭に集まった抗議者は「習近平辞めろ」「共産党は退陣せよ」と叫んだ。

首都・北京にある習近平の母校の清華大学でも、学生たちが「白紙」が掲げ、抗議の輪はあっという間に全国50都市にまで広がった。さらに世界に目を向ければ、先進国を中心に多くの国の中国大使館の前に、「白紙」を手にした若者たちが集い、国内のデモとの連帯を示したのである。

メディアは早くも「天安門事件の再来か」と色めき立った。

実は、騒がれたほどには、天安門事件との類似点は多くはなかったのだが、かといって政権が軽視していい動きでもなかった。抗議運動が政権にとって脅威となるか否かの要諦は、大衆が共感できるテーマの有無、そして苗床となる社会の不満だ。とくに経済の困窮は要注意事項なのだ。

★★★

今回、ゼロコロナ政策（動的ゼロコロナ政策）への不満には共感力が備わっていた。厳しすぎる隔離政策が長引いて、人々は息苦しさを感じていたからだ。経済的な不安も広がっていた。

封鎖下の閉塞・窒息感は、習政権下で狭まった言論空間とイメージが重なり、政治問題化する気配もあった。コロナ対策を優先し経済を犠牲にしたという憤りは、「共同富裕」を掲げる習政権を「経済軽視」と批判する声とシンクロしていた。3年間続いたコロナ禍の不自由さは、西側社会の持つ自由で闊達な雰囲気を肯定し、際立たせる役割も果たした。

政権にとって不利な要素が積み上がっているようだが、少し注意も必要だ。というのも、そこにはメディアが流布したたくさんの〝誤解〟が混じっていたからだ。

たとえばゼロコロナ政策である。本来、感染の早期発見と短期間に生活を日常へと戻すのが目的で、感染者「ゼロ」を目指す政策ではない。ゼロコロナという名前も逆輸入だ。

そして根本的な誤解は、習指導部がいくつかの選択肢のなかから、ゼロコロナを選んだと報じたことだ。

医療資源の限られた中国では、病院の多い都会で感染を食い止めることが至上命題だ。徹底した隔離政策は、2002年に発生したSARS（重症急性呼吸器症候群）の経験から学び、ロックダウンの法的根拠となる3つの法律も2002年前後（胡錦濤時代）に改修、制定されている。

つまりロックダウンは既定路線であり、習近平の鶴の一声で断行されたものではなかったのだ。「習近平がゼロコロナにこだわった」という批判も、当然のこと的外れと言わざるを得ない。

その後、封鎖を緩和した中国は、瞬く間にコロナ感染者の激増という事態に直面した。すると、あれほどゼロコロナを「愚か」と嗤い、「白紙デモ」の若者の声を正義の叫びと紹介してきたメディアは一斉に手のひらを返し、当局の混乱ぶりに矛先を向けたのである。

★★★

さらにメディアの不見識を問えば、反ゼロコロナデモを「民主主義の目覚め」と報じたことだ。およそ中国の分析者であれば、人民の力は過小評価しない。彼らは投票権がなくとも――実際はゼロではない――政権をひっくり返せる力をすでに備えているのだ。これは「易姓革命」などという大げさな話ではない。

もしコロナ感染の初期、強い対策をせず農村で医療崩壊が起きていたら、どうなっていただろうか。高齢の家族を医者に診てもらえず亡くした農民は、遺体を持って病院に詰めかけ、医者を襲撃したはずだ。それが最終的に大きな暴動へと発展する可能性も、かなり高かっただろう。

そうなれば、感染と暴動で生産現場は崩壊し、都会へ供給する食糧も滞り、都市住民をパニックに陥れたことだろう。上海のロックダウンなど比ではない大混乱が、中国全土を襲うことになったはずだ。

こんな大混乱を引き起こしていたら、共産党は政権にとどまることができただろうか。習指導部が最も恐れたのも、共産党が伝統的に恐れてきたのも、同じく最大人口の農民の怒りだ。それは、いまも過去も未来も変わらない。メディアが見落とす初歩的な視点だ。

20大後の中国を憂えたメディアが多用するのが「習近平の暴走」だ。しかし、現実的な問題はそこではない。見るべきは、習指導部が進める農村重視の政策を、都市住民や知識人が理解しないことによって引き起こされる、ある種の「南北問題」だ。反ゼロコロナデモは、いみじくもその対立をあぶり出した。

その事実は、日本で暮らす中国人と話をしているとよくわかる。

江沢民が死去した直後、私は日本に暮らし企業を経営する中国人のAと会って話をした。Aはそのとき「いまの中国の経済発展は、すべて江沢民と胡錦濤の時代に基礎がつくられたもので、習近平の功績ではない」と言い切った。ネットで、よく見かけた言説だ。

その説にどれほどの根拠があるのか知りたくなった私は、Aにいくつか質問してみた。まず「胡錦濤政権末期のワイロ社会のまま、中国は次の発展のステージに進めましたか？」と問い、次に「過剰生産で統率不能だった国有企業は、いまのような国際競争力を持っていましたか？」、そして3つ目に、「空は真っ黒、川は異臭を放ち、社会には格差が蔓延するなかで、中国は大丈夫だったのでしょうか？」と。

かつて国有企業にいたAは黙り込んでしまった。

習近平が命懸けで改革しなければ本当の経済大国になることもなく、中国人が世界で尊重されることもなかったはずだ。しかし、いま都会で暮らす中国人は、農村を重視する習近平を疎（うと）んじ始めている。

中国は、台頭の代償としてアメリカを中心とする西側先進国との軋轢を深めている。それ自体、避けられない衝突かもしれないが、新たな試練を生んでいる。都会で暮らしている中国人は、中国を批判的に見る西側社会に親和性があるからだ。

ここ数年は「シノフォビア」（中国恐怖症）という言葉を西側メディアで頻繁に見かける。日本でも中国を「異」としてとらえ、難解な対象への嫌悪を隠そうとしない。

中国の都会人や金持ちのなかには、この「異」への共感があるのだ。

★★★

では、日本人が感じる「異」とは何だろうか。

そもそも日本と中国は、戦後まったく違うアプローチを試みてきた。敗戦国としてスタートした日本は、戦争で失った何かを取り戻そうともがき、東西冷戦と戦争特需に支えられて奇跡の経済発展を遂げ、民主主義陣営に属すという幸運を噛みしめた。

焼け野原からの復活と表現される戦後日本だが、白紙に絵を描いたような国を創ろうとしたのかと言われれば疑問であり、むしろ形状記憶素材のように昔を取り戻そうしているようでもある。2022年末に発表された日本の安全保障に関する「国家安全保障戦略」「国家防衛戦略」「防衛力整備計画」という、いわゆる防衛3文書は象徴的だ。

一方の中国は、戦勝国となって戦後のスタートを切ったが、そこには成功体験も「戻る」べき理想の過去もなかった。それだけに、大胆に共産主義の中国化という大実験に踏み込むことができたのかもしれない。いずれにせよ、ふたつの国が見ているものはあまりに違うのだ。

そんな中国に対し西側先進国は「社会主義などどこにもない」「経済発展すれば民主化する」と、瑕疵を探すことで接点を見出そうとしてきた。

しかしそれは、自分たちの手にある定規で中国を測ろうとする空しい作業でしかない。もうそろそろ、そうした〝ズレ〟から脱し、ありのままの中国と共存することを真剣に検討する時期にきているのではないだろうか。

2023年1月

富坂聰

【著者略歴】

富坂聰（とみさか・さとし）

1964年愛知県生まれ。北京大学中文系に留学した後、週刊誌記者などを経てフリージャーナリストに。94年『「龍の伝人」たち』（小学館）で、21世紀国際ノンフィクション大賞（現・小学館ノンフィクション大賞）優秀賞を受賞。新聞・雑誌への執筆、テレビコメンテーターとしても活躍。2014年より拓殖大学海外事情研究所教授。

『「反中」亡国論』『「米中対立」のはざまで沈む日本の国難』『中国がいつまでたっても崩壊しない７つの理由』（以上、ビジネス社）、『感情的になる前に知らないと恥ずかしい中国・韓国・北朝鮮Q&A』（講談社）、『トランプVS習近平 そして激変を勝ち抜く日本』（KADOKAWA）など著書多数。

それでも習近平政権が崩壊しない４つの理由

2023年２月13日　　第１刷発行

著　者　富坂　聰

発行者　唐津　隆

発行所　株式会社ビジネス社

〒162-0805　東京都新宿区矢来町114番地
神楽坂高橋ビル5F
電話　03-5227-1602　FAX　03-5227-1603
URL　https://www.business-sha.co.jp

〈カバーデザイン〉大谷昌稔
〈本文デザイン・組版〉茂呂田剛（エムアンドケイ）
〈印刷・製本〉半七写真印刷工業株式会社
〈編集担当〉大森勇輝　〈営業担当〉山口健志

ISBN978-4-8284-2486-6